JN078417

大学院文化科学研究科

# 地域産業の発展と主体形成

北川太一

社会経営科学プログラム

# まえがき

　本講義では、食と農、ならびに地域における人材（財）も含めたさまざまな有形・無形の資源に着目しながら、これからの地域産業の発展方向とそれを実現する主体について考える。

　周知のように、近年、食料や農業をめぐっては多くの課題が山積しており、その将来方向は決して楽観できない状況にある。日本の食料自給率（カロリーベース）は、40％に届かず主要先進国で最低である。家畜伝染病の発生や食品偽装表示など、食の安全・安心に関わる事件もしばしば発生している。何よりも、食料生産を支えてきた農村をはじめとする地域社会も、高齢・過疎化や後継者の不足、農地の荒廃などの問題が深刻である。

　ただしその一方で、こうした閉塞状況を打開すべく新しい動きもみられる。農業・農村社会に飛び込む若者の「田園回帰」現象、農業生産法人や女性起業など新しい経営形態の登場、食の安全・安心を真摯に捉えた地産地消や食農教育、地域に根ざした農商工連携や6次化などの取り組みである。

　本講義では、食と農、資源を基軸とした地域産業と主体形成に関わる論理、鍵概念について説明すると同時に、関連する事例（ケース）を取り上げながら、理論と実証とを有機的に結びつけて考えることができるように構成した。また、各章では「ティータイム」として、本編での補足事項やより身近な話題を提供するためのコラムを掲載するとともに、「学習のポイント」と併せて「さらに学習を深めたい人へ」として、発展的考察に役立つ文献を紹介している。

　田の心と書いて"思う"、人を良くすると書いて"食"である。本講義の学習を通じて、地域という舞台で食（まち、消費者）と農（むら、生産者）を結び、両者が共生する持続可能な社会実現の道筋を考える一助となれば、講義の担当者として望外の喜びである。

　本講義は、『改訂版　地域の発展と産業』の後継科目として企画され

4

たものである。貴重な機会を与えていただいた河合明宣氏（放送大学特任教授）にお礼申し上げたい。最後に、本書の編集過程において適切なアドバイスをいただいた藤原光博氏、放送教材の作成に多大な労を煩わせた真淵威志氏、さらには年々多忙化する大学の業務を抱えながらも、前向きに明るく取り組んでいただいた分担執筆者の皆さんに、心より感謝申し上げたい。

　　2019 年 10 月 7 日

　　　　　　　　　　北陸の短い秋を感じながら　北川太一

# 目次

# 1 本講義の目標とアプローチ
－地域をめぐる状況と先行研究－

北川太一

　本講義でどういうことを学ぶのか、まず講義の概要と到達目標について述べる。次に、地域を取り巻く状況変化のなかで、先行研究にも触れながら、地域産業を考えることの意味、特に、食と農、さらには主体形成の問題に焦点を当てて考えることの現代的意義について理解する。

《キーワード》　地域産業、食農産業、主体形成、先行研究

## 1.　本講義の概要と目標

　本講義では「地域産業」について、農業ならびに食料産業、6次産業化や農商工連携も含めた食農に関わる関連産業（アグリビジネス）を主として念頭に置きながら、地域のさまざまなステークホルダー（利害関係者）、すなわち自治体行政、地元企業、協同組合やNPOなどの非営利協同組織、事業・活動グループ、地域住民や交流者などによる主体形成と地域経営（地域マネジメント）のあり方について、理論と実践（ケース）の両面からアプローチする。

　したがって、本講義の到達目標は、食と農を中心とした地域産業の将来方向とその主体形成について、①理論（基本となる概念、考え方）をしっかりと身につけること、②さまざまなケースを学ぶことによって、その展開プロセスを理解し、他の事例への適用可能性を考える力を身につけること、③連携、協同（協働）の観点からヒト、カネ、資源が結びつくプロセスを理解し、それを地域のマネジメントや政策形成に活かす考え方を身につけることである。

## 2. 目標設定の背景

こうした講義の目標を設定する理由は、大きく分けて3つある。

### （1）新自由主義的政策の基調[1]

第1は、国の経済政策の基調が、グローバル化の進展のなかで新自由主義的な考え方が中心になってきていること、さらには、こうした基調の中で「地方創生」をはじめとする地域政策のあり方が問われていることである。

そもそも新自由主義とは、個人や企業が自身の利益（私益）を追求するために、他者と競争しながら自由な経済活動を行えば（言い換えれば、政府の役割を最小限にとどめて規制を緩和して、自由な競争を行える条件を整備すれば）、個々の経済主体、ひいては社会全体に最大の利益がもたらされる考え方をいう。ただし、このことが成り立つための条件は、各経済主体の「合理的行動」である。すなわち、生産企業・供給者はできる限り費用を抑えて自らの利益を追求する一方で、商品やサービスを求める需要者も価格の動向をみながら購入量を決める。このことによって「市場の調整メカニズム」が自ずと働き、供給者と需要者の双方が満足する安定的な状態に到達する。つまり、政府が介入することなく市場の調整メカニズムによって、顔の見えない供給者と需要者が価格という情報をもとに供給量や需要量を決定することで、個々の経済主体や社会全体に利益や満足がもたらされると考えるのである。そして、こうした論理の前提をなすのが、「合理的な経済人」という画一的な人間観である。

ところが、地域の実態は多様である。これからの地域産業のあり方を考える場合には、画一的な発想に陥りがちな新自由主義的発想ではなく、地域が置かれたさまざまな条件に配慮し、そこにある有形・無形の資源を活かす地域政策が求められているのである。

### （2）地域（地方）をめぐる状況

第2は、地域（地方）をめぐる状況についてである。平成の市町村行

政合併は、国、自治体、現場との関係が変化するなかで、政策決定や意思形成プロセスなどの変質をもたらした。このことは当然、地域産業、特に地方において主流をなす農林漁業の政策展開にも影響を及ぼし、産業規模の縮小、農林地をはじめとする地域資源の荒廃、農山村社会における過疎化の進展などに拍車をかけている。こうした状況のなかで、地域産業の構成要素としての農林漁業、さらにはそれと関連する地場産業の発展方策が問われているのである。

　ところで、近年、改めて地域のあり方についての関心が高まっている。その背景には、以下に示すような地域社会をとりまく外部条件（政策的与件・基調）の変化、ならびに、それにともなう地域社会の内部構造の変質がある。

　すなわち、この間、"地域でできることは地域に"をスローガンとして、いわば地域の自立（自律）を促す政策が進められ、地域の受け皿機能を果たすべく地方自治体を強化するために、市町村行政合併が強力に進められてきた。しかしその一方で、地域（地方）の現場では、伝統的なコミュニティの脆弱化、高齢・少子化時代のなかでの異世代連携の希薄化、くらしをめぐる安全・安心の脅威が進みつつある。農山村では、農林地をはじめとする地域資源の荒廃が、市街地においても"駅前商店街のシャッター街化"や"まちなか人口の空洞化"といった諸現象がみられ、いわば格差問題が顕在化している。

　こうした地域の内部構造の変化のなかで、地域政策の理念をどう考え、持続的に根づく産業をどう育成していけばよいのかが問われている。

### （3）食、農をめぐる新しい動き

　第3は、以上のような状況の中で、近年、さまざまな閉塞状況を打開するための新しい動きが食農分野を中心に起こりつつあり、そうした事例から示唆を得ること、さらには実証的なアプローチを手がかりとして地域産業の発展方策を展望する論理を導くことが重要になっていることである。農林業を中心に考えるならば、産業の垣根を超えて、単なる生

産活動ではなく加工、販売、さらには交流まで手掛ける6次化、あるいは、地域の農林業と地元の商工関係の中小企業とが結びつく農商工連携の取り組みが注目される。

とりわけ、条件不利地域である農山村地域を中心に、地域住民主体の"危機感"をバネにした既存の枠組みにとらわれない動きがある。あるいは、地域社会における新しい担い手ともいうべき主体の形成、例えば地域住民が運営主体となった「地域設立型法人」（集落型農業法人）[2]による事業展開、定年帰農も含めた農業・農村に飛び込む人たちの出現、NPOを中心とした非営利・協同セクターの台頭などがみられる。そして、こうした動きの根底には、震災や集中豪雨といった自然災害を契機としたボランティアや地域貢献意欲の高まり、先に述べた地域政策の基調変化を受けて、改めて自分たちが住む地域を見つめ直そうとする意識の醸成がある。これらの点に着目し、地域産業を担う新たな主体形成について考えることが重要である。

### （4）新自由主義的政策の限界

新自由主義的な考え方は、農業・農村問題や地域における新しい動きとは相容れないだけではなく、経済政策として行き詰まりをみせていることも事実である。いわゆる「市場の失敗」（市場の調整メカニズムが機能しないこと）による公害問題、規制緩和の弊害としての労働・雇用条件の悪化、小さな政府を実現したものの腐敗が減るどころか、天下り問題や政府・政治とビジネスとの癒着問題も後を絶たない。さらに、格差問題の発生は富めるものと貧しいもの、都会（まち）と地方（むら）、生産者と消費者といった区別を促し、さまざまな対立を生むに至っている。いわゆる「結果の平等」ではなく「機会の平等」を重視する新自由主義に基づく経済政策が、こうした格差問題に拍車をかけている。

新自由主義は経済的な価値（富）を生み出すことには最大限に関心を示すが、生み出された価値をいかに「分配」するかについての問題にはほとんど関心を示さない（考慮に入れていない）ことが指摘できる。自由な経済活動を行う条件を整えて「機会」を提供すれば、そこで能力の

あるものが力を発揮する。時として、貧しいものに「結果」を与える生活保障は、ますます働かなくなるものを増やすとみなす。そして、能力のあるもの（東京をはじめとする大都市と置き換えてもよい）が大いに富を蓄積することで、貧しいもの（地方と置き換えてもよい）を牽引することによって、必然的にその恩恵が行き渡ると考える（いわゆる「トリクルダウン仮説」）。繰り返すと、新自由主義の考え方は、経済的な価値の創出こそが重要であって、たとえ特定の主体や個人に富が偏在していても総体としてそれが最大化していればよく、分配の問題はほとんど考慮に入れない。これでは格差問題が生じるのも当たり前である。

　これからの地域政策には、こうした新しい価値観の形成や小地域レベルで取り組まれているさまざまな活動にアンテナを張りながら、いかにして地域の中に、その主体となる協同（協働）のネットワークを構築していくかが問われている。

## 3. 先行研究

　地域産業をはじめとする地域にかかわる先行研究は、多くの蓄積がある。ここではそれらのなかから、本講義と関連が深い3つの観点から代表的なものを紹介しておく。

### （1）地域経済論アプローチ

　一国の経済全体が同時に発展するのではなく、第1次産品や労働力の出し手と受け手の地域が存在するなど、地域には階層性があるとの考え方に立ち、地域経済の自立的発展方向について論じたのが、岡田知弘氏である[3]。岡田は特に、「地域内再投資論」の観点をベースに、その時代におけるリーディング産業の育成（立地政策）に重点を置いた従来型の地域開発ではなく、持続的な地域発展（地域づくり）を展望した。そこでは、現在の地域政策が、選択と集中をベースとしたトップダウン方式による問題や限界に直面していることを指摘したうえで、主に小規模自治体の事例から学びながら、地域内で原材料や雇用・サービスの調達が繰り返される経済循環が行われることによってこそ、地域経済の持続

的発展が可能になると指摘する。したがって、たとえ行政合併によって
つくられた広域・大規模自治体においても、拠点となる地域の特性を活
かした旧村（小学校区レベル）を母体とした地域自治組織づくりが重要
であり、地域の経済問題を分析するためには、他の地域経済と比較しな
がら一般性と個別性を導き出すことの必要性を説いている。

## （2）地域づくり・農山村再生論

　岡田が指摘した地域自治組織の問題も含めて、農山村再生の問題に焦
点を絞って論じたのが、小田切徳美氏らである[4]。小田切は、農山村地
域をめぐる議論が、「消滅する農山村」や「限界集落」といったマイナ
スの方向性と、その可能性を必要以上にプラスに過大評価する存続論が
存在するなかで、農山村を都市も含めた地域再生にとって重要な「解体
と再生のフロンティア」として位置づける。

　そして、農山村再生の課題を「内発性」「総合性・多様性」「革新性」
を有し「主体」「場」「条件」の3要素を地域条件に応じて巧みに組み合
わせる「地域づくり」の問題として捉えながら、3つの柱（暮らしのも
のさしづくり、暮らしの仕組みづくり、カネとその循環づくり）の重要性を
説く。ここでも旧村・小学校区を範域とする新しい組織に地域住民が性
別や世代を超えて参画する仕組みをつくること、とりわけ「地域資源保
全型経済」や「小さな経済」を地域内で循環的に興すことが、農山村に
おいて新しい産業や雇用の創出につながるうえで重要であると説いて
いる。

## （3）食農産業論（6次産業化、農商工連携と地域振興）

　以上のような地域経済論や農山村再生論とも関連して、食農産業、特
に農業の6次産業化（農業生産のみならず、加工・流通・販売までを経営体
の中で包含して付加価値の増大をはかる取り組み）と地域との関係の問題
に焦点を当てたのが、室屋有宏氏である[5]。

　室屋は、現状の6次産業化が、川上側の生産者ではなく川下側の食品
産業が主導する形で進んでいる状況を明らかにする。そして、国の政策

も個別経営に焦点が当たっており、連携・ネットワークの拡大方策や担い手育成の方向性が必ずしも明確になっていないことから、現状の6次産業化では、地域農業や地域経済の振興には必ずしも結びつかないことを指摘する。実際、農村における6次産業化は、地域の人的資本、ソーシャルキャピタル（社会関係資本）[6]の醸成が基盤となっており、関与する人たちの自発的な参加・連携が成功要因になるとする。したがって、一定程度のハード投資は必要であるものの、それ以上にソフト面での強みを活かすこと、すなわち、6次化の広義の目的は、「地域が維持可能な経済基盤を地域自らが協働して創ること」であるとして、人と人とのつながりや交流を楽しむことができる自律度の高い「コミュニティー経済」の形成が、地域と農業の振興に結びつくとしている。

## 4. 本講義のアプローチと内容構成

### （1）「地域」の考え方

　以上のような地域をめぐる問題状況と先行研究も踏まえて、本講義においては、食と農の問題を中心に据えた地域産業の発展方向、さらにはそれを担う主体形成の問題に焦点を当てるが、ここで地域の概念・定義について述べておきたい。

　地域の考え方・捉え方は、多様である。例えば、先ほど取り上げた岡田は、「『地域』の最も本源的な規定は、『人間の生活の場』、生活領域である…（中略）…生活領域としての地域が地球上のいたるところで積み重なって、一国経済という地域階層、さらに世界経済という階層をつくり、それぞれの階層では独自の運動法則が働いている」として、地域の「階層性」と「独自性」を強調する[7]。

　また、祖田修氏は、「生産し生活する人間活動の場であり、経済的社会的に一定の自律的、個性的なまとまりを持った地理的空間」として、生産（経済）、生態環境、生活の場であり、これらの総合的価値を追求する場としての地域（この場合、農村地域）の重要性を説く[8]。

　本講義では、講義としての連続性にも配慮して基本的には本科目の前著者である、河合明宣氏の考え方を踏襲する[9]。すなわち、「地域は、

生活や生産に関わってより豊かで、よりよい生活のために、自らが手足を動かして現況を改善していきたいと決意した時に、活動し得る現実的な唯一の空間」としての地域である。ただしこの点については、本講義の最終章で改めて再整理をしてみたい。

## （2）本講義の梗概と進め方

そこで本講義では、本章（第1章）で設定した到達目標を念頭に置きながら、関連する国の政策について概観する（第2章）。そのうえで、地域経営とフードシステム（第3章〜第5章）、地域住民主体によるアグリビジネスと農村女性起業（第6章〜第8章）、交流・農村レクリエーションと農山村資源（第9章、第10章）の観点から地域産業と主体形成について考察し、さらに、海外における農業・食品分野を中心とした地域産業の展開事例としてオランダのケースを取り上げる（第11章）。また、食農分野だけではなく、製造業を中心とした地場産業と産業集積、ならびに非営利組織の問題について考えたうえで（第12章〜第14章）、今後の課題と展望について述べる（第15章）。各章の梗概は、次の通りである。

第2章では、まず地域産業に関わる政策的対応の経緯を概観しておく。具体的には、地域産業および日本の地域産業をめぐる政策の展開過程を、農山村政策も含めた地域政策の中で位置づけて概観する。そのうえで、農業、食料を中心とした関連産業のあり方や産業の担い手（主体）がどのように捉えられてきたのかを理解する。

第3章では、近年関心が高まる地域経営の考え方について学ぶ。地域を経営するとはどのような考え方や取り組みを指すのだろうか。なぜいま地域経営が私たちの社会において求められているのだろうか。これらについて関連分野の理論や概念を手掛かりに整理しながら理解を深めていく。

第4章では、地域産業の発展とフードシステムについて学ぶ。近年、地産地消や農商工連携、6次産業化など食と農を基軸として地域のコミュニティや産業の活性化を図る取り組みが全国各地で盛んになってい

る。これらを一過性のブームや単発的な商品開発に終わらせず、活力ある地域経済の発展につなげていくためのプロセスや課題についてフードシステムの視点から深めていく。

第5章では、第3章及び第4章を踏まえたケーススタディとして、震災・原子力災害後の福島県における、食と農を基軸とした地域づくりと産地形成の動きを取り上げる。そこでは、福島県において近年積極的な展開がみられる醸造用ブドウとワインの産地形成をめざす動きを描き出しながら、地域産業の発展とマネジメントについて考える。

第6章では、自然や景観、人などを介した交流とそれらを資源とするコミュニティビジネスが行われる場としての農業・農村の多面的機能に着目し、地域特産品の生産から加工・調理・販売までを行うビジネス展開ならびに地産地消による地域活性化及び地域資源保全について学ぶ。

第7章では、農村における食に関わるビジネスの担い手について学ぶ。とりわけ、女性が中心となって展開する農村の食ビジネス、すなわち農村女性起業による食品加工や農家レストラン等の実態とその役割について学ぶ。

第8章では、第6章、第7章のケーススタディとして、個人女性を中心に家族経営で6次産業化を展開してきた滋賀県東近江市の池田牧場、集落の営農組織のオペレーターとして若い女性が活躍する兵庫県小野市の農事組合法人きすみの営農を取り上げる。良好な家族関係、良好な働く仲間づくりは、地域の活性化につながる。また、女性はコスト計算をしながら、好奇心と自分が欲しい物を追求した商品化で経営を展開していくことがポイントといえる。経営の中心的存在で女性が活躍することは、地域の活性化につながることを論じる。

第9章では、都市生活者における農山村への関心の高さと深さがみられる田園回帰時代を迎えて、「田舎」を舞台とした農村レクリエーションとしての農村散策に注目し、全国で広がるさまざまな都市と農村の交流活動の現状も踏まえながら、余暇活動としての農村レクリエーションの意義について考える。

第10章では、農山村地域には、未利用資源を含め多くの資源が賦存

している。そもそも地域資源とはどのようなものであり、農山村地域における地域資源の活用のあり方について解説するとともに、農山村資源をめぐる新しい動きについても注目する。

第11章では、海外における取り組み事例として、農業・食の分野で世界をリードし、農産物輸出額はアメリカに次ぐ世界第2位を誇るオランダを取り上げる。具体的には、産学官連携による食の「知と技」を集積・活用した地域（「フードバレー」）と「グリーンポート」の展開事例について説明する。

第12章では、地域産業の発展について重要なカギを握る産業集積について、いくつかの研究視点から、これまでの先行研究を理論的に整理する。そのうえで、広島県におけるケーススタディも踏まえながら、地域産業の発展に果たす産業集積のあり方について考える。

第13章では、地域産業は地域社会、生活文化と密接な関係を築きながら、特定製品の生産に携わる生産者が集中的に集積し、一定の産地を形成してきた。このような地域の特色を残したものづくりの活用方策について、広島県酒産地の事例も踏まえながら考える。

第14章では、地域システムが地域社会の変化のもとで急激な変容を遂げつつあるなか、協同組合や非営利組織を含めた「協同」での活動やさまざまな目的を持ったネットワークの役割について、福井県における取り組み事例も踏まえながら考える。

以上を踏まえて第15章では、本講義のまとめとして、改めてこれまでの内容とケーススタディをふり返りながら、これからの農業、食料関連産業を中心とした地域産業の発展方向とその主体形成のあり方について、重要な論点を提起し、今後に向けての基本的な方向性を示す。

## 》注

1) 新自由主義的政策の限界や行き詰まりを実証したものとして、服部茂幸『新自由主義の帰結－なぜ世界経済は停滞するのか』岩波新書、2013年、同著『アベノミクスの終焉』岩波新書、2014年がある。

2)「地域設立型法人」「集落型農業法人」「集落農場型農業生産法人」など、いくつかの呼称がある。北川太一編著『農業むらくらしの再生をめざす集落型農業法人』全国農業会議所、2008年、北川太一・板橋衛「『集落型農業法人』の展開をどうみるか－近畿・中四国の地域農業における変革主体－」農業問題研究学会編『現代の農業問題③土地の所有と利用　地域営農と農地の所有・利用の現時点』筑波書房、2008年、所収などを参照。

3) 岡田知弘『地域づくりの経済学入門　地域内再投資論』自治体研究社、2005年を参照。

4) 小田切徳美編『農山村再生に挑む　理論から実践まで』岩波書店、2013年、第11章、小田切徳美・橋口卓也編著『内発的農村発展論　理論と実践』農林統計出版、2018年を参照。

5) 室屋有宏『地域からの六次産業化－つながりが創る食と農の地域保障』創森社、2014年、室屋有宏「6次産業化の論理と基本課題－農山漁村から市場経済を組み替える取り組み－」『農林金融』第64巻第4号（2011年4月）を参照。

6)「人間関係資本」とも呼ばれ、人と人とのつながりを築くネットワーク、信頼、規範などを重視し、これらを育むことが社会の発展や安定をもたらすという考え方に立つ。ロバート・D・パットナム（河田潤一郎訳）『哲学する民主主義　伝統と改革の市民的構造』NTT出版、2001年、稲葉陽二『ソーシャル・キャピタル「信頼の絆」で解く現代経済・社会の諸課題』生産性出版、2007年などを参照。

7) 岡田知弘『前掲書』[2005] 16ページ

8) 祖田修『都市と農村の結合－「西ドイツの地域計画」増補版－』大明堂、1997年、229-240ページ

9) 河合明宣『改訂版　地域の発展と産業』放送大学教育振興会、2015年、29-30ページ

## 【学習のポイント】

[1] 新自由主義的な考え方を過度に進めることが、地域経済や地域社会にとってどのような歪みとなって現れるであろうか。

[2] 地域産業の構成要素を、農業生産の枠組みを超えた食農産業として

捉えることによって、その具体的な主体（担い手）はどのように想定できるだろうか。

［3］地域産業をめぐる先行研究として、本章で取り上げたアプローチ以外に、どのようなものがあるだろうか。

## 【さらに学習を深めたい人へ】

［1］ 原洋之介編著『地域発展の固有論理』京都大学学術出版会、2000 年

［2］ 田代洋一編『21 世紀の農業・農村［第4巻］日本農村の主体形成』筑波書房、2004 年

［3］ 伊庭治彦・高橋明宏・片岡美喜編著『農業・農村における社会貢献型事業論』農林統計協会、2016 年

**ティータイム**

## 大学で学ぶということ

　シンガーソングライターのさだまさしさんのコラムによれば、高校時代の先生が、「勉強するとはどういうことか」という問いに対して、次のように答えたという（『読売新聞』2019年1月24日付「先生のコトバ6」）。

　「学校は勉強の仕方を教わる場だ。学校が終われば勉強も終わると思うのは大きな間違いで、本当の勉強は一生かけてするものなんだ」（傍点引用者）

　本当にそう思う。科学は日進月歩発展しているし、世の中も日々速いスピードで動いている。学んだ知識が卒業してみると新しいものに置き換わっていた、というのはよくある話である。大事なことは、世の中の事象を見る目（方法）を養うこと、一般の常識にとらわれず、こういう違った見方もできるのではないかという発想ができるようになること。これが、「勉強の仕方」を学ぶということだろう。このことは、経済現象や社会の動き、そこでのさまざまな「主体」を考察の対象にする社会科学においては特に重要である。

　大学教員がこんなことを言っては叱られるかもしれないが、大学で学ぶ「知識」はほとんど役に立たない。正確には、学んだ内容（中身）を覚えていてもあまり役に立たない、と言うべきであろうか。要は「習ったこと」をどれだけ記憶しているかではなく、「何を習ったか」を頭の中でどれだけ整理しているかである。わからないことに直面した時、その答えがパッと出てくることではなくて、そのことならあの時に習った、あの本を見れば調べることができる、といったことがわかること。つまり、頭の中の引き出しがどれだけ整理されているかということが重要である。そのためには、講義を聴くにせよ、本を読むにせよ、その際に、心の琴線に触れるような好奇心を磨いておくことが必要であろう。

　冒頭で紹介した、さださんのコラムは、次のように締めくくられている。「詩や小説を書くようになって、改めて先生の『一生かけて勉強する』という言葉が身に染みています。自分の奥行きを広げないとだめだからです。古典文学を読み直すとか、今もずっと勉強を重ねていますが、生涯かけても終わるものではありません。」

　終わりがないからこそ、少々苦しいからこそ、やり甲斐がある。こういう境地に早く到達したいものである。

# 2 | 国土政策の変遷と農業・農村地域政策の展開

北川太一

　まず日本の国土政策を概観し、重点の置き方が時代によって変わってきていること、さらには地域振興立法5法の概略について述べる。そのなかで、農業・農村地域政策がどのように位置づけられ、展開してきたのか。特に、1999年に制定された食料・農業・農村基本法をベースにしながら理解する。

　《キーワード》　国土総合開発法、国土形成計画法、地域振興立法5法、農業基本法、食料・農業・農村基本法

## 1. 国土開発計画の変遷

### （1）国土総合開発法：1960年〜90年代

　1950年に国土総合開発法が制定されて、日本の国土政策の基本方向が示された。そこでは、「この法律は、国土の自然的条件を考慮して、経済、社会、文化等に関する施策の総合的見地から、国土を総合的に利用し、開発し、及び保全し、並びに産業立地の適正化を図り、あわせて社会福祉の向上に資することを目的とする。」（第1条）と定められ、地域政策の最上位計画として位置づけられるとともに、土地や水等の天然資源、水害や風害の災害防除、都市及び農村の規模や配置の調整、さらには産業の適正な立地に関する事項が定められた。

　国土総合開発法の制定以降、数回にわたって国土計画が定められるが、それは以下のような経緯をたどっている[1]。

1) 全国総合開発計画（全総）（1962年10月閣議決定。目標年次：1970年）

　「地域間の均衡ある発展」を基本目標に、都市の過大化に伴う生産面・生活面の諸問題、地域による生産性の格差について、国民経済的視点からの総合的解決を図ることがめざされた。開発方式として、「拠点

開発構想」が重視され、東京をはじめとする大都市における過密の解消をめざすために、工業立地の分散を行いながら開発拠点を配置すること等により、地域間の均衡ある発展がはかられた。

2) 新全国総合開発計画（新全総）（1969年5月閣議決定。目標年次：1985年）

「豊かな環境の創造」を基本目標に、高福祉社会をめざして、人間のための豊かな環境を創造することがめざされた。開発方式として、「大規模プロジェクト構想」が重視され、特に、新幹線、高速道路等のネットワークを整備し、国土利用の偏在を是正し、過密と過疎、地域格差を解消することがはかられた。

3) 第三次全国総合開発計画（三全総）（1977年11月閣議決定。目標年次：1977年よりおおむね10年間）

「人間居住の総合的環境の整備」を基本目標に、歴史、文化なども含めた地域特性を生かしながら、人間と自然との調和のとれた健康で文化的な人間居住環境を整備することがめざされた。開発方式として、「定住構想」が重視され、大都市への人口と産業の集中を抑制しながら地方を振興し、全国土の均衡的な利用がはかられた。

4) 第四次全国総合開発計画（四全総）（1987年6月閣議決定。目標年次：おおむね2000年）

「多極分散型国土の構築」を基本目標に、特色ある機能を有する多くの極を中心に、特定の地域への人口や経済機能、行政機能の過度の集中がなく、地域間、国際間で相互に補完・触発しあいながら交流している国土を形成することがめざされた。開発方式として、「交流ネットワーク構想」が重視され、多極分散型国土の構築に向けて、①創意と工夫による地域整備、②基幹的交通、情報・通信体系の整備、③多様な交流機会の形成がはかられた。

5) 21世紀の国土のグランドデザイン（1998年3月閣議決定。目標年次：2015年）

「多軸型国土構造形成の基礎づくり」を基本目標に、地域の選択と責任に基づく地域づくりを重視しながら、一極一軸型から多軸型の国土構

造への転換がめざされた。開発方式として「参加と連携」が重視され、①多自然居住地域（小都市、農山漁村、中山間地域等）の創造、②大都市のリノベーション（大都市空間の修復、更新、有効活用）、③地域連携軸の展開、④広域国際交流圏の形成がはかられた。

## （2）国土形成計画法：2000 年以降

　国土総合開発法に基づく一連の施策において、国土計画の基調に変化が示されたのは、最後に示した「21 世紀の国土のグランドデザイン」である。すなわち、「総合開発計画」の言葉を使っていないことからもうかがえるように、1990 年初頭バブル経済が崩壊し経済低成長時代に入るなかで、それまでの一極集中型の国土開発を改めて「多軸型国土構造」の形成がめざされ、地域の自立促進、国土の安全と暮らしの安心をはかることが強調された。

　こうした経緯も踏まえて、2005 年、それまでの国土総合開発法に代わって国土形成計画法が制定された。そこでは、国土形成計画を「国土の利用、整備、保全を推進するための総合的かつ基本的な計画」と定めたうえで、①量的拡大を図る「開発」を基調としたこれまでの国土計画ではなく、国土の質的向上を図る、②国土計画の策定プロセスにおける多様な主体の参画を図る、③全国計画のほかにブロック単位ごとに広域地方計画を策定する、とされた。そして、自立的に発展する地域社会をめざすために、①特性に応じて自立的に発展する地域社会、②国際競争力の強化及び科学技術の振興等による活力ある経済社会、③安全が確保された国民生活、④地球環境の保全にも寄与する豊かな環境の基盤となる国土の実現、という 4 つの理念が示された。

　国土形成計画法の制定以降、2 次にわたって国土形成計画がつくられたが、それぞれの要点は次の通りである。

1) 第 1 次国土形成計画（2008 年 7 月閣議決定。目標年次：おおむね 10 年間）

　これからの国土像（基本方針）として、「多様な広域ブロックが自立的に発展する国土を構築するとともに、美しく、暮らしやすい国土の形

成を図ること」とし、①東アジアとの円滑な交流・連携、②持続可能な地域の形成、③災害に強いしなやかな国土の形成、④美しい国土の管理と継承を「戦略的目標」として掲げた。特に、これらの戦略を推進していくための方策のひとつとして「『新たな公』を基軸とする地域づくり」をあげ、地縁型コミュニティやNPO、企業、行政どうしの協働による居住環境の整備など、地域の多様な主体の参画による課題解決をめざすことを重視した。

2)　第2次国土形成計画（2015年8月閣議決定。目標年次：おおむね
　　10年間）

　2014年7月に策定された「国土のグランドデザイン2050」を踏まえて、人口減少社会に正面から取り組む国土計画として、地域の個性を重視し地方創生を実現するとともに、イノベーションを起こし経済成長を支える国土計画として位置づけられた。基本理念（コンセプト）として、地域が連携してヒト、モノ、カネ、情報の動きを活発化させる「対流促進型国土の形成」が示され、地域資源を活用した内発的発展、地域内循環とソーシャルビジネスの推進などを内容とする都市と農山漁村の共生がめざされている。

　また、全国8ブロックについて、次のような内容の国土づくり戦略が策定された。

①東北圏　〜震災復興から自立的発展へ〜

　震災復興を契機に、日本海・太平洋の2面活用による産業集積やインバウンドの増加により、人口減少下においても自立的に発展する防災先進圏域の実現と豊かな自然を生かした交流・産業拠点を目指す。

②首都圏　〜対流がもたらす活力社会の再構築〜

　三環状、リニア等の面的ネットワークを使い、「連携のかたまり」を創出する対流型首都圏に転換する。「防災・減災」と一体化した「成長・発展」、国際競争力を強化し、首都圏全体で超高齢化に対応する。

③北陸圏　〜日本海・太平洋2面活用型国土の"要"〜

　三大都市圏との連携、ユーラシアへのゲートウェイ機能の強化を図り、国土全体の災害リスクに対応した多重性・代替性を担うとともに、

暮らしやすさに磨きをかけ、日本海側の対流拠点圏域の形成を目指す。

④中部圏　〜世界ものづくり対流拠点〜

　リニア効果を最大化し、スーパー・メガリージョンのセンターを担い、首都、関西、北陸圏と連携する。世界最強・最先端のものづくり産業・技術のグローバル・ハブの形成や観光産業の育成を通じて、圏域の強靭化を図る。

⑤近畿圏　〜歴史とイノベーションによるアジアとの対流拠点〜

　我が国の成長エンジンとして、スーパー・メガリージョンの一翼を担うため、知的対流拠点機能を強化し次世代産業を育成する。圏域の北部から南部まで個性を活かして世界を魅了し、多様な観光インバウンドの拡大を図る。

⑥中国圏　〜瀬戸内から日本海の多様な個性で対流し、世界に開かれ輝く〜

　瀬戸内海側の産業クラスター、中山間地の自立拠点、日本海側の連携都市圏など拠点間のネットワークを強化し、国内外の多様な交流と連携により圏域を超えた産業・観光振興を図る。

⑦四国圏　〜圏域を越えた対流で世界へ発信〜

　隣接圏域等との対流を促進し、南海トラフ地震への対応力の強化、瀬戸内海沿岸に広がる素材産業・製造業やグローバルニッチ産業の競争力強化、滞在・体験型観光によるインバウンドの拡大を目指す。

⑧九州圏　〜日本の成長センター：新しい風を西から〜

　アジアの成長を引き込むゲートウェイとして高速交通ネットワークを使い、巨大災害対策や環境調和を発展の原動力として、中国や四国など他圏域との対流促進を図る「日本の成長センター」を目指す。

## （3）特定地域を対象とした振興法の制定

　国土総合開発法から国土形成計画法へという経過のなかで、特定の農山漁村地域等を対象とした5つの振興法（「地域振興立法5法」と呼ばれる）が制定された。法律の所管庁、制定の時期、定められた目的等は次の通りである。

①山村振興法（農林水産省、1965年制定、2025年までの時限立法）

　山村の自立的発展を促進し、山村における経済力の培養と住民の福祉の向上をめざす。そして、地域間の交流促進等による山村への移住を促進し、山村における定住促進及び人口の著しい減少の防止を図り、併せて地域格差の是正と国民経済の発展に寄与する。

②特定農山村法（正式名称は、特定農山村地域における農林業等の活性化のための基盤整備の促進に関する法律。農林水産省、1993年制定）

　特定農山村地域について、地域における創意工夫を生かしつつ、農林業等の活性化に向けた基盤整備を促進するための措置を講ずる。このことにより、地域の特性に即した農林業等の振興を図り、豊かで住みよい農山村の育成に寄与する。

③過疎法（正式名称は、過疎地域自立促進特別措置法。総務省、2000年制定、2021年までの時限立法）

　社会における活力が低下し、生産機能及び生活環境の整備等が他の地域に比較して低位にある地域について、総合的かつ計画的な対策を実施するために必要な特別措置を講ずる。このことにより、これらの地域の自立促進を図り、住民福祉の向上、雇用の増大、地域格差の是正及び美しく風格ある国土の形成に寄与する。

④離島振興法（国土交通省、1953年制定、2023年までの時限立法）

　離島の振興に関し、地域における創意工夫を生かしつつ、その自立的発展を促進し、島民生活の安定及び福祉の向上を図るとともに、地域間の交流を促進する。このことにより、居住する者のない離島の増加及び離島における人口の著しい減少の防止並びに離島における定住の促進を図る。

⑤半島振興法（国土交通省、1985年制定、2025年までの時限立法）

　半島地域において、多様な主体の連携及び協力を促進しつつ、その自立的発展、地域住民の生活向上及び半島地域における定住の促進を図り、あわせて国土の均衡ある発展に資する。

## 2. 農業・農村地域政策の展開

### （1）農業基本法の理念

　国土計画が本格的にスタートする時期、日本の農業政策においては、1961年に農業基本法が定められた。そこでは、政策の目標が次のように掲げられている。

（国の農業に関する施策の目標）

　第一条　国の農業に関する政策の目標は、農業及び農業従事者が産業、経済及び社会において果たすべき重要な使命にかんがみて、国民経済の成長発展及び社会生活の進歩向上に即応し、農業の自然的経済的社会的制約を補正し、他産業との生産性の格差が是正されるように農業の生産性が向上すること及び農業従事者が所得を増大して他産業従事者と均衡する生活を営むことを期することができることを目途として、農業の発展と農業従事者の地位の向上を図ることにあるものとする。

　すなわち、農業基本法は、あくまで農業の発展をめざした産業政策であり、その具体的方策が農業の近代化と農工間の格差是正（より具体的には、生産性格差と所得格差の是正）であった。そして、生産性格差を是正するために農地の規模拡大や農業の機械化、施設整備を進める「構造改善事業」が、所得格差を是正するためにコメ以外の園芸や畜産を振興する「選択的拡大」が進められた。したがって、ここでは農村地域という発想はほとんどなく、国の産業政策の一環として農業政策が位置づけられていた。

### （2）食料・農業・農村基本法の制定

#### 1）政策の理念

　ところが、1999年に制定された食料・農業・農村基本法は、農業基本法とは様相が異なる。それは、農業基本法がめざした産業政策のみの視点ではなく、食料の供給（食料政策）、農村地域の振興（地域政策）も含めた3つの政策体系と理念から成り立っている（表2-1参照）。また、

表2-1　農業基本法と食料・農業・農村基本法

|  | 農業基本法 | 食料・農業・農村基本法 |
|---|---|---|
| 食料の供給<br>（食料政策） |  | ・消費者に軸足を置いた政策<br>・安全・安心な食料の安定的供給<br>・不測時の食料安全保障 |
| 農業の発展<br>（産業政策） | ・農業の近代化<br>・農工間の格差是正（生産性格差と所得格差の是正） | ・農業の持続的な発展<br>・農業の担い手（経営体）育成、構造改革 |
| 農村地域の振興<br>（地域政策） |  | ・多面的機能の重視<br>・農村生活環境の整備<br>・中山間地域（条件不利地域）対策<br>・農村と都市との交流（グリーンツーリズム） |

資料：筆者作成

次に示す第一条において「計画的に推進」とあるように、5年ごとに食料・農業・農村基本計画を策定し、具体的かつ実効性のある政策推進手法が展開されることとなった。

（目的）

　第一条　この法律は、食料、農業及び農村に関する施策について、基本理念及びその実現を図るのに基本となる事項を定め、並びに国及び地方公共団体の責務等を明らかにすることにより、食料、農業及び農村に関する施策を総合的かつ計画的に推進し、もって国民生活の安定向上及び国民経済の健全な発展を図ることを目的とする。

　ここからわかるように、農業基本法があくまで農業者を対象とした（念頭に置いた）産業政策としての理念であったのに対して、食料・農業・農村基本法は、農業問題を生産者の問題にとどめるのではなく、国民生活の安定向上、さらには国民経済の健全な発展を図る上でも重要な役割を果たすと規定されている。

　そして、こうした理念の具体的な表れとして地域政策があり、次のよ

うに「多面的機能の発揮」（第三条）と「農村の振興」（第五条）が位置づけられた。

（多面的機能の発揮）

　第三条　国土の保全、水源のかん養、自然環境の保全、良好な景観の形成、文化の伝承等農村で農業生産活動が行われることにより生ずる食料その他の農産物の供給の機能以外の多面にわたる機能（以下「多面的機能」という。）については、国民生活及び国民経済の安定に果たす役割にかんがみ、将来にわたって、適切かつ十分に発揮されなければならない。

（農村の振興）

　第五条　農村については、農業者を含めた地域住民の生活の場で農業が営まれていることにより、農業の持続的な発展の基盤たる役割を果たしていることにかんがみ、農業の有する食料その他の農産物の供給の機能及び多面的機能が適切かつ十分に発揮されるよう、農業の生産条件の整備及び生活環境の整備その他の福祉の向上により、その振興が図られなければならない。


2）事業者、国民等の関与

　食料・農業・農村基本法が、農業問題を単に生産者のみの範囲で捉えるのではなく、広く国民経済や生活にかかわる問題として捉えたことは上述したとおりであるが、そのことは、農業者（第九条）はもちろんのこと国（第七条）、地方公共団体（第八条）、事業者（第十条）の責務や努力という表現で示されるとともに、消費者の役割（第十二条）としても規定された。

（国の責務）

　第七条　国は、第二条から第五条までに定める食料、農業及び農村に関する施策についての基本理念（以下「基本理念」という。）にのっとり、食料、農業及び農村に関する施策を総合的に策定し、及び実施する責務を有する。

2　国は、食料、農業及び農村に関する情報の提供等を通じて、基本理

念に関する国民の理解を深めるよう努めなければならない。

（地方公共団体の責務）

　第八条　地方公共団体は、基本理念にのっとり、食料、農業及び農村に関し、国との適切な役割分担を踏まえて、その地方公共団体の区域の自然的経済的社会的諸条件に応じた施策を策定し、及び実施する責務を有する。

（農業者の努力）

　第九条　農業者及び農業に関する団体は、農業及びこれに関連する活動を行うに当たっては、基本理念の実現に主体的に取り組むよう努めるものとする。

（事業者の責務）

　第十条　食品産業の事業者は、その事業活動を行うに当たっては、基本理念にのっとり、国民に対する食料の供給が図られるよう努めるものとする。

（消費者の努力）

　第十二条　消費者は、食料、農業及び農村に関する理解を深め、食料の消費生活の向上に積極的な役割を果たすものとする。

　また、第三十七条には、「国及び地方公共団体は、食料、農業及び農村に関する施策を講ずるにつき、相協力するとともに、行政組織の整備並びに行政運営の効率化及び透明性の向上に努めるものとする。」（傍点引用者）と定められ、国と地方自治体とが連携した政策展開をはかることがめざされている。

3）中山間地域等直接支払制度の導入

　食料・農業・農村基本法において、地域政策として農村地域の振興が目標として掲げられたことを受けて、2000年度から中山間地域等直接支払制度が導入された。これは、中山間地域を対象として、農地が有する多面的な機能を維持することを目的とした農地の保全、生産や地域の継続的な活動に対して一定の助成金が支給される制度である。その際、集落における地権者の話し合いと合意に基づく集落協定が結ばれ、地域

表2-2　省庁レベルにおける地域社会の再生をめぐる近年の議論の概要

| 省庁報告書等 | 農水省「都市と農村の協働の推進に関する研究会報告」(2008年8月) | 国交省『「新たな結」による地域の活性化報告書』(2009年3月) | 国交省「過疎集落研究会報告書」(2009年4月) | 総務省「新しいコミュニティのあり方に関する研究会報告」(2009年8月) | 内閣府「新しい公共」宣言 (2010年6月) |
|---|---|---|---|---|---|
| キーワード | 都市と農村の協働、コーディネーター | 新たな結、核組織、中間支援組織 | 生活基盤、基礎的な生活サービス | 地域協働体、マネジメント | 新しい公共（新たな公） |
| 特徴 | 農村の再生には、都市の住民だけではなく、NPO、大学、企業等も加え、農村と都市との対等なパートナーシップ形成が重要であるとし、コーディネーターの役割を重視する。 | 「多様な主体が協働して地域の課題への対策に取り組むこと」を「新たな結」と定義し、地域における「核組織」の存在と「中間支援組織」による支援を重視する。①「地域住民の生活を支える取り組み」と、②「地域資源を活用した地域活性化のための取り組み」をあげる。 | 過疎地域での取り組み課題として、①基礎的な生活サービス（日常的な医療・福祉、買い物、地域交通の維持、地域の整備など）の確保、②生活基盤としての農林業の維持、③地域の活性化に向けた取り組み（新しい産業の創出）をあげる。 | 「地域協働体」を地域づくりの核として位置づけ、これが、多様な主体による公共サービスの提供（実行）を総合的、包括的にマネジメントする姿を描く。その際、以下のようなさまざまな主体が、地域（まち）づくりを実行する。自治会、町内会、企業、商店街組合、環境ボランティア等、地区社会福祉協議会、子ども会、老人クラブ、地域金融機関、マンション管理組合、各種まちづくり団体、NPOや介護ボランティア等。 | 国民、市民団体や地域組織、さらには企業や政府等が、「一定のルール」とそれぞれの役割を持って当事者として参加し、協働すること」の重要性を述べ、それに向けた対応方策をとりまとめる。 |
| JA・協同組合の位置づけ | 農村側のコーディネーターとして、行政や農協の | 核組織、任意組織、協同組合、NPO、公益法人 | 上記①の中心的役割として、基礎的な自治体、各種組 | 記述なし | ほとんど記述なし ＊「新しい公共」推進会議『「新しい公 |

援活動等に関する各又は制度のあり方について」(2011年6月)

「日本型社会的協同組合の制度」（地域コミュニティのひとつの事業協同組合としての「複合協同組合」）を検討することの必要性を指摘。

＊新たな公共（新たな公）
公共領域を国家や行政の領域のみに限定せず、住民どうしの自発的な支え合いと参画を通してより良い地域社会を創る試み。

分担し、郵便局、農協、地元商店などと既存組織には、公共的サービスも含めた多様なサービス提供の担い手になることを期待する。

＊マネジメント
支援の受け皿となり、活動を総合調整しながら課題発見と解決方法の企画などを行うこと。

| 用語の定義など | ＊コーディネーター<br>「都市部の主体と農村を出会わせるのみの役割」や、「両者からの要望を具体的な活動計画へと昇華し協働へと導く」ばかりではなく、「その活動の評価を行い、その結果を次回への活動へと活かす役割」を負う。 | ＊中間支援組織<br>地域の組織が活動を行うために必要な人材、資金、知恵、情報の提供、ネットワーク等の仲介を行う組織。「核組織づくり」の支援、人材育成やマネージャーの斡旋、多様な主体制を築くまでのコーディネートを行う組織。 |

資料：それぞれの報告書をもとに整理した。協同組合と地域社会研究会編（事務局：協同組合経営研究所・当時）『協同組合と地域社会の連携～ソーシャル・キャピタルアプローチによる研究～』(2009年3月)の第2章「地域の協同づくり行政の施策」も参考にした。

ぐるみによる活動計画の策定と実践が重視されるところに特徴がある。

## 3. 農業・食料政策の展開と地域産業の担い手

　以上みてきたような国土政策や農業・農村地域政策が展開するなかで、近年、国・省庁で農村を中心とした地域再生をめぐる議論がさまざまな形で行われている。この点に関して表2-2は、省庁レベルにおける近年の地域再生をめぐる議論の概要をまとめたものである。ここで示されているように、「農村側のコーディネーターとして、行政や農協の職員に期待する」（農水省の研究会報告）、「核組織として、任意組織、協同組合、NPO、公益法人等を位置づける」（国交省の「過疎」報告書）といった表現があり、必ずしもその内容や概念は明らかにされていないが、「コーディネーター」や「核組織」の言葉がみられる。

　このように、近年の国土計画は、必ずしもハード・開発のみを重視したものではなく、地域間でのネットワーク・連携や対流・共生の実現にも重心が置かれている。そして、農業・農村地域政策も、その解決の方向を生産者の問題に限定せず、多面的な機能を有する農村地域におけるさまざまな主体の役割と責務を明確にし、それらが密接に関与し合う方策が展開されつつある。したがって、これからの地域産業の担い手も多様に形成されるべきであり、それらが連携することによる相乗効果が発揮できるような支援策が求められているといえよう。

**》注**

1) ここでの記述は、国土交通省の国土計画に関するサイト
http://www.mlit.go.jp/kokudoseisaku/kokudoseisaku.html（2019年2月24日検索）、ならびに、山本修「わが国の戦後における農業政策の展開過程」山本修編『現代農業政策論②農業政策の展開と現状』家の光協会、1988年、所収、筒井一伸「地域自立の政策」小田切徳美編『農山村再生に挑む　理論から実践まで』岩波書店、2013年、所収などを参考にした。

**【学習のポイント】**

[1] 日本の国土計画の変遷を、1970年代から80年代、1990年代、

2000年代以降に分けて、それぞれの特徴を整理してみよう。

[2]　農業基本法と食料・農業・農村基本法との違いについて、政策理念、政策手法、さらには地域の位置づけや関与する主体の点からまとめてみよう。

[3]　食料・農業・農村基本法の政策理念を実行するために5年ごとに策定される食料・農業・農村基本計画について、直近のものを取り上げて、地域の問題がどのように示されているか調べてみよう。

## 【さらに学習を深めたい人へ】

[1]　藤谷築次編『現代農業政策論③　農業政策の課題と方向』家の光協会、1988年

[2]　生源寺眞一『現代日本の農政改革』東京大学出版会、2006年3月

[3]　北陸地域経済研究所編『北陸経済研究叢書02　データで振り返る北陸の50年　経済・産業・インフラから女性活躍まで』能登印刷出版部、2018年

ティータイム

## 地域設立型法人にみる地域の主体性

地域の人たちによる主体性を基盤とした活動を実感したのは、今から20年近く前、西日本の農山村地域で広がりつつあった地域設立型の法人（当時、集落型農業法人などと呼ばれていた）に関する調査に携わった時であった*）。第1章で少し紹介したように、集落型農業法人とは、地域の人たちの合意によって設立され、多くの住民が出資や運営に携わりながら、営農やむらづくりの活動を行う法人である。そこでは、農地の利用調整や農機の共同利用など、通常の集落営農組織が取り組む活動にとどまらず、農産物の加工・販売、農家レストランの経営、住民向けの生活支援や福祉、資源や環境の保全、都市住民との交流、日用生活品の販売（小店舗の経営）など、地域が抱える課題に対応しながら、法人ごとにさまざまな事業や活動が展開されていた。

こうした地域設立型の法人も含めて、近年、各地で生まれている地域住民の主体性を基盤とした活動は、「公から民へ」という言葉に代表される民営化の動きのなかで生じたものが多く、表2-2に示したように、各省庁において地域再生に向けての協議が盛んに行われたことも背景としてある。そこでは、できる限り市場経済への公的な関与をなくして、自由な経済活動として民間に委ねていくことが望ましいという考え方があり、市町村合併に代表される行政組織の合理化も相まって進められたと考えられる。

ただし、上述の集落型農業法人もそうであったが、地域住民の主体性に基づく活動は、必ずしも狭い意味での利益追求にとらわれていない。大規模な経済に対して、地元の資源を活用するなど小地域での循環型経済を大切にする。しかもそれは、多数の供給者と需要者が「見えざる手」といった市場原理によって利益が達成されるのではなく、組織の原理（見える関係を重視した人間どうしのつながり）を尊重しながら、活動に関わる人たちの満足度向上をめざしている。

資本主義経済のシステムのなかで生きる私たちは、現代的な市場経済の基調に対応していくために効率化や合理化を求めがちである。それはある意味、致し方のない側面もある。しかし、このことに力を注ぐだけでは、私たちの暮らし、地域産業は疲弊する一方ではなかろうか。地域の関係者が、地域住民主体の活動をどう位置づけ、それに向き合っていくのか。行政や企業、あるいは協同組合やNPOなど地域のさまざまな団体とどう連携していくのか。重要な課題である。

*）詳細は、北川太一編著『農業 むら くらしの再生をめざす集落型農業法人』全国農業会議所（2008年）を参照。

# 3 | 地域経営の理論と展開

則藤孝志

　地域経営という考え方が注目されている。地域を経営するとはどのような考え方や取り組みを指すのだろうか。なぜいま地域経営が私たちの社会において求められているのだろうか。本章では、近年関心が高まる地域経営の考え方について関連分野の理論や概念を手掛かりに整理しながら理解を深めていく。

**《キーワード》** 　地域経営、公共経営、地域づくり、内発的発展

## 1．地域経営への注目

　近年、新聞等において「地域経営」という言葉をしばしば見聞きするようになった。「地域」は企業や諸団体（商工団体や協同組合など）とは異なりひとつのまとまりのある「組織」ではない。市町村等の地方自治体という「組織」はあるけれどもそれが「地域」そのものを指すわけではない。地域とは人間の生活や営みに関わる空間的概念である。そのような地域を「経営」するとはどのような考え方であり、取り組みを指すのだろうか。地域経営に類似する用語として、地域づくり、まち（町・街）づくり、村おこしなどがあげられるが、これらと区別して「経営」という組織・管理論的な用語を用いる意味はどこにあるのだろうか。

　これらを考える手掛かりとして、「地域経営」が含まれる新聞記事を検索してみよう。図3-1は、朝日新聞記事データベース「聞蔵Ⅱ」を用いて検索が可能な1985年以降の記事から「地域経営」が含まれるものを抽出し、その数を年別にプロットしたものである（～2018年、全403記事）。これによると、90年代まで地域経営という表現はあまり用いられることはなかったが、記事数は2000年頃から急増し05年頃をピーク

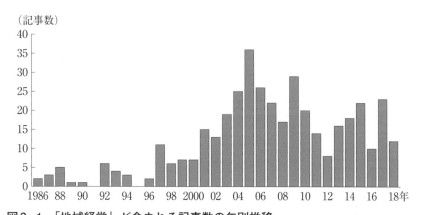

（記事数）

図3-1 「地域経営」が含まれる記事数の年別推移
資料：朝日新聞記事データベース「聞蔵Ⅱ」より作成。2019年6月17日検索。

とする山がつくられ、また、13年頃から再び増加しながらフタコブラクダの背中のようなラインを描いている。

　ひとつ目の山（コブ）については、2001年以降の小泉政権下で進められた一連の構造改革の流れと「平成の大合併」（市町村の広域合併）、そのなかで反作用の表れとして地域主権の考え方が改めて注目されるようになったことが背景としてあげられる。同時期には地産地消や農商工連携など食と農を基軸とした地域活性化の取り組みが盛んになり始め、それを支援する法整備も進められた。

　2013年からの増加は、同年11月以降に発表されたいわゆる「増田レポート」によって「地方消滅」というフレーズがセンセーショナルに報道され、それに呼応して「地方創生政策」が矢継ぎ早に展開されたことが背景としてあげられよう。一方で、2011年の東日本大震災をひとつの契機として、若者を中心とした「生き方」を問い直す人びとが都市から地方に関心を振り向け、移住者が増加するという「田園回帰」の萌芽ももうひとつの潮流として見逃せない。このように、社会における私たちの「地域」への注目と「地域経営」という言葉や考え方は関連しているようにみてとることができよう。

　これらの社会的背景に呼応するかたちで、学界においても地域経営と

いう分野は注目され始めている。2014年11月には学術団体として地域
経営学会が設立された。現代社会における地域が抱える諸課題の解決に
は、人的資源管理（人材育成）や事業・組織戦略、マーケティングなど
経営学に基づく専門的な知識と技術が不可欠との考えから同学会は設立
された。また、日本の学界の中枢を担う日本学術会議においても経営学
委員会「地域経営学の研究・教育のあり方検討分科会」が16年5月に
発足した。そこでは、地域経営学は「地方・地域創生によって創造され
た事業体が、それぞれの地域に固有の資源（人、自然、人工財）を活か
しながらどのように運営されるべきか、また地域の経営を担う人材をい
かに養成するかについての具体的な提言を目指すものである」とされ、
「地域経営学」が経営学の一領域として認識されるとともに、方法論の
探究が始まっていると言えよう。

## 2.　地域経営とは

　地域経営とは何か。ここでは「地域」と「経営」に分けてみてみよ
う。地域も経営もともに物体ではない概念的な用語であり、その意味も
ともに多義的である。そのような用語がふたつ合わされればさらにつかみ
どころのない曖昧な概念になってしまいそうだが、このふたつの用語を
丁寧にかみ砕けば、地域経営の考え方がみえてくるはずである。

### （1）　地域をどう捉えるか

　広辞苑によると、地域とは「区切られた土地／土地の区域」とある。
このような無機質な定義に対し、地域経済学者の岡田知弘氏は、人間の
生活と地域の階層性を重視する地域概念を示している[1]。私たちにとっ
て身近な地域といえば、住民自治の基礎単位である集落や小学校区のよ
うな町内をイメージできるし、もう少し範囲を広げれば、通勤や買い物
の範囲（概ね市町村域）をイメージしてもよいだろう。このような、私
たちの日々の暮らしの範囲を地域概念の基礎に置きつつ、そこから広域
（例えば県域、道州域）、一国域（例えば日本）、多国域（例えばアジア）、
そして全世界（地球）に至るまで、地域の範囲が複層的に重なっている

状態とその構造を地域の階層性という。岡田氏は、現代社会においてグローバルに展開する「資本（企業）の活動領域」と上記のような「人間の生活領域」とが交差しながら人びとの暮らしに大きな影響と変化が及んでいるとし、その状態と構造を捉えることが地域経済学の基本的課題であると説明している。

　一方、田村明氏は都市計画学・まちづくり論の立場から地域を捉え、そこでは生活に関連するさまざまな課題が選び出され、解決が追及され、達成が可能である空間（地理的な広がり）として地域を把握している[2]。これに関連して、守友裕一氏は地域政策学の立場から次のように述べている。

　「地域の範囲をいかに規定するかという議論は、変革すべき課題に即して決まるのであり、その意味で地域の範囲は『伸縮自在』であり、担い手の人間集団を出発点としてそれぞれ重層化しているととらえるのが妥当である。地域の範囲を規定することが問題なのではなく、地域の現実を主体的にどう変革していくか、そうした課題化的認識の方法こそが、地域をとらえる上で最も大切である」[3]。

　本章では上記のような地域概念を念頭に、人間の生活領域（典型的には市町村域）を地域経営の基本的範囲として定め、それは人びとの暮らし、仕事や産業、歴史や文化、そして自然環境が互いに深く結びついているものとして捉える。また、そのような地域はグローバルに至る地域の階層性のなかで常に変化しているものと理解する。

## （2）「地域」を「経営」するとは

　次に、経営とは何か。広義には「ある目的の実現のためにさまざまな工夫を凝らし合理的に物事を組織化していくこと」[4] を指すが、企業経営を想定すれば「継続的・計画的に事業を遂行すること」（広辞苑）や企業としての望ましいあり方について模索することを指す。企業が行う事業が短期間（例えば1年）のものであれば経営という概念は不要であろう。企業は将来に渡って事業を継続していくという前提（ゴーイング・コンサーン）によって存在するものであり、この前提を「地域」に

も適用し、企業経営の手法や考え方を地域の活動に取り込もうとするのが地域経営の基本的な考え方である。

　では、「地域」を「経営」することを具体的にはどのように捉えればよいのだろうか。地域＝企業ではないことは自明である。首長をトップとする市町村等の地方自治体という組織はあるが、企業の敏腕経営者が市町村の有能な首長になれるかといえば、そうとも限らない。それはおそらく企業が、ガバナンス（統治）が機能しやすい"closed-system"であるのに対して、地域が多様な主体と要素で構成される"open-system"であるという根本的な違いがあるからではないだろうか[5]。

　ここで地域を構成する主体について確認しておこう。海野進氏は「新しい公共」の概念に基づき3つのサブシステム（政治システム、経済システム、社会システム）に分けて地域の主体を整理している[6]。それによると、政治システムには行政サービスを提供する地方自治体（行政・議会）があり、経済システムには企業（商工業や不動産・金融業など）や自営業者（農家や商店など）、諸団体（商工会・商工会議所や協同組合など）、そして社会システムには自治会・町内会、学校、医療・福祉施設、社会福祉協議会、住民及び住民でつくるさまざまな非営利組織（NPO・NGO）があげられている。

　「新しい公共」とは従来の政治システムにおいて政府・行政（「官」）が担っていた「公共」の領域を拡張し、経済・社会システムを構成する「民」との協働によって支え合う領域を指し、「地域経営」を下支えする考え方であると言える。つまり、行政サービスを提供する地方自治体は地域経営の要であることは間違いないが、住民主権を基礎にしつつ上記3つのサブシステムを構成する多様な主体が協働して住みよい地域を築いていくことが、少子高齢化をはじめ多くの課題に直面するいまの地域には求められているのである。

　しかし、多様な主体が協働して地域を運営することはいうほどに簡単ではないだろう。性質や考え方が異なる多様な主体同士をどのようにつなぎ合わせるのか、発生し得る利害対立をどう克服すればよいのか、協働を持続させるための全体を調整するプラットフォーム（第4章で詳述）

をどう形成していくのか、これらの課題に立ち向かうためには上記の「経営」的視点が不可欠である。

## 3. 関連理論の展開

本節では地域経営に関連する理論として公共経営論と地域づくり論を取り上げ、その中身を確認していく。

### （1）公共経営論

本章冒頭に示した朝日新聞の記事検索において、1985年以降初めて地域経営という言葉が用いられたのが86年6月12日の記事である。その内容は、地方自治体の首長や議員、学者らで組織される地方自治経営学会が「地域経営における民間活力の活用」と題する研究報告会を行ったことを報じるものであった。80年代後半頃から「行政改革」が盛んにいわれるようになり、従来の地方自治体や公営企業（公社等）のあり方を刷新するような、官と民との連携に基づく自治体のマネジメントが公共経営論の分野で議論されるようになった。

これらの議論のなかで出てきたのがPPPやNPMの考え方である。PPP（Private-Public Partnership）とは、90年代後半に欧米から普及し始めた概念であり、とくに医療や福祉、教育などの公共性の高い財・サービスを官と民とがそれぞれ役割分担したり協力したりしながら供給するための枠組みを指す。

公共施設等の効率的な管理・運営手法の意味合いが強いPPPに対して、より広い意味において公共経営の効率化・活性化を図る概念がNPM（New Public Management）である。これは「新公共経営論」とも呼ばれ、栢永佳甫氏らによると「官と民の両者が公共経営の主体であるという共通認識のもと、両者が協力しながら、私たちがもつさまざまな共有資源を有効活用し、あまねく人びとに対して効率的に公共性の高いサービスを供給するための考え方やノウハウ」と説明されている[7]。NPMの特色は「業績・成果主義」、「市場メカニズムの導入」、「住民主導型」の3点にあるとされる。例えば、市町村の自治体が地域振興計画

を策定する際、それぞれの政策項目にKPI（Key Performance Indicators
＝重要業績評価指標）が設定されたり、計画の進ちょくを継続的に管理
するPDCAサイクル（Plan［計画］、Do［実行］、Check［評価］、Action
［改善］）が必ず盛り込まれたり、また、計画策定のプロセスにおいて住
民が参加する座談会やワークショップが開催されたりするのは、NPM
の考え方に基づいたものであると言える。そこでは「民」の主体とし
て、パブリックマインド（公共に対する強い関心と見識）をもった住民、
CSR（Corporate Social Responsibility＝企業の社会的責任）に向き合う営
利企業や「社会的企業」と呼ばれる社会問題の解決を事業の目標や理念
に置く企業の役割が重視される。

　このようなNPMの考え方を行政サービスの「行き過ぎた効率化」に
ならぬよう実行していくことは容易ではないだろう。とくに市町村合併
によって広域化した行政と小規模な住民活動やNPO（非営利組織）をど
うつなぎ合わせるべきか。1995年の阪神淡路大震災を契機にNPOやボ
ランティアの役割が認識されるようになったが、これら小さな「民」を
「つなぎ・まとめる」ためのセンター機能を有する「中間支援組織」の
役割もまた大きい。2004年に発生した新潟県中越地震の際に復興政策
を担う県・市町村と各集落とをつなぎ住民の主体性を引き出すサポート
を行った「中越復興支援会議」（現・公益社団法人・中越防災安全推進機構）
のような仕組みがNPMには求められていると言えよう。

## （2）地域づくり論

　地方自治を団体自治と住民自治に大別した場合、団体自治のあり方に
主眼を置くのが先述の公共経営論であると整理できよう。それに対し、
住民自治のあり方を基点にした地域課題へのアプローチが、これまで地
域経済学や財政学、社会教育学、地理学、民俗学、都市・農村計画学な
どさまざまな領域において学際的にとられてきた。その総体をここでは
「地域づくり論」と呼びたい。

　地域づくりの根幹は「地域を知ること（見直すこと）」にあるとする
のが「地域学／地元学」の考え方である。この分野をリードしてきたひ

とりである民俗学者の赤坂憲雄氏はこう表現している。

「それぞれの地域に生きる人びとが、外なる人びととも交流しながら、みずからの足元に埋もれた歴史や文化や風土を掘り起こし、それを地域資源としてあらたに意味づけしつつ、それぞれの方法や流儀で地域社会を豊かに育ててゆくことをめざす、野（の／や）の運動」[8]。

これは東北学を含めたあらゆる地域学の説明として記されたものであるが、「地域に生きる人びと」や「交流」、「地域資源」などのキーワードが盛り込まれたこの説明は、地域づくりの「定義」としても適用できると考えられる。

ここで「地域を知ること」にはふたつのレベルがあることについて考えてみたい。ひとつは、定量データによって地域の状況を「見える化／可視化」することである。例えば、人口年代別分布（人口ピラミッド）やその将来推計、産業構造や移出・移入の状態、介護・医療費や税収の推移などを把握・分析することである。このようにして自らの地域の特徴や強み（コンピタンス）を見出し、それを活かしたメリハリのある地域振興策を策定し、スピーディーに実行していくことが昨今の市町村行政には求められるようになっている。とくに、2014 年から政府（内閣府）の号令によって全国の市町村で策定が行われた「まち・ひと・しごと創生総合戦略」では上記の視点が色濃く投影されている。しかし「総合戦略」のようないわば「官邸主導の地方創生政策」には住民の主体性が弱く当事者意識が希薄であるとの指摘もある[9]。そこで地域づくり論で大切にされるのが、もうひとつの「地域を知ること」、すなわち住民同士が話し合いやワークショップなどの「学習」を通して自らの地域（集落）の個性や魅力を再発見・再認識するプロセスである。

平井太郎氏は地域づくりの手法としてのワークショップ（以下、WSと略記）に着目し、それを「今までの常識や権威に頼れなくなったとき、その場にいる人びと自身が経験と知恵を分かち合って、新しいモノゴトを生み出してゆく運動」と位置づけている[10]。地域づくりの範囲が集落であれば、集落点検と呼ばれる人口・世帯数の動向、家族・親戚との関わり、住民の買い物や通院の状況、寄り合いや集落活動の状況などを

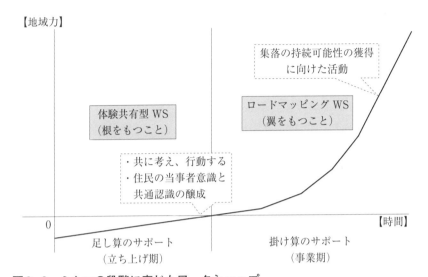

**図3-2　ふたつの段階に応じたワークショップ**
資料：稲垣編（2014）のp222図18及び平井（2017）のp5の図2を参考にして作成。

住民自身が把握する作業から始め、その後に集落で「大切にしたいモノゴト」を地域資源として位置づけるＷＳを展開していく。このような「日常の暮らしや営みの延長」にある「ふだん着の地域づくりワークショップ」が昨今各地で行われるようになっている。

　また、先述の新潟県中越地震の被災地復興の支援に携わってきた稲垣文彦氏らは10年にわたるその経験から、農山村の復興・再生には、住民一人ひとりの主体性と復興に向けた内発的なエネルギーを整える「足し算のサポート」と、その後の事業で大きく展開させていく「掛け算のサポート」があることを示し、このことは被災地支援に限らず地域づくりに通じる知見であることを指摘している[11]。これを受けて前出の平井氏は足し算のサポートが求められる段階を「立ち上げ期」、掛け算の支援が有効となる段階を「事業期」と表現し、これらふたつの段階に応じたＷＳをそれぞれ提示している（図3-2）。前者は「根をもつこと」をコンセプトとする「体験共有型ＷＳ」であり、後者は「翼をもつこと」をコンセプトとする「ロードマッピングＷＳ」である。

　これらの議論を敷衍するかたちで地域づくりのフレームワークを提示
しているのが農政学者の小田切徳美氏である[12]。そこでは地域づくり
の特徴を「内発性」「総合性・多様性」「革新性」に見出し、①暮らしの
ものさしづくり、②暮らしの仕組みづくり、③カネとその循環づくりを
地域づくりの「3つの柱」として提起している。暮らしのものさしづく
り（〈主体づくり〉）とは、その場所で生きることに対する「誇りの再建」
に向けて、地域の歴史・文化、自然をはじめとして自らの暮らしをめぐ
る独自の価値観を再構築することである。暮らしの仕組みづくり（〈場
づくり〉）とは、ソフト条件としての地域コミュニティ（手づくり自治区）
とハード条件としての買い物や病院などの生活インフラを相互に連携し
ながら整備していくことである。そしてカネとその循環づくり（〈持続
条件づくり〉）とは、地域経済の循環を生み出す新たな産業構築を意味
し、そこでは「地域資源保全型経済」、「第六次産業型経済」、「交流産業
型経済」、「小さな経済」（小さな水準の所得を生み出す機会）からなる「4
つの経済」があげられている。これら「3つの柱」を地域の中で意識的
に組み立てることで、経済的あるいは社会的な価値（貨幣的価値、文化
的価値、環境的価値、人間関係的価値など）を新たに上乗せしていく仕組
みを地域づくりのフレームワークとして提唱している。
　最後に、住民自治に基づく地域づくり論に通底する理論として、比較
社会学者の鶴見和子氏らによって体系化された内発的発展論を紹介して
おきたい。内発的発展論とは、「欧米の工業化、都市化をモデルとした
単系的な近代化論ではなく、地域の歴史、文化、生態系を尊重した多様
な（多系的な）発展、先発、後発を問わず、相互に、対等に、活発に手
本の交換を行うことの重要性を提起」[13]するものである。この考え方
は昨今欧米の農村研究にも影響を及ぼしており、イギリスを中心とする
近年の研究では、地域の内発的発展における地域外との交換や交流・連
携、ネットワークの重要性に焦点が当てられている。そこでは内部資源
を動員すること（内発的発展）と同時に、地域に作用する外部の力（外
来的発展）を処理する仲介者の能力を強化することを重視するなど、内
発と外来のハイブリッドとして理論的進化がみられている[14]。

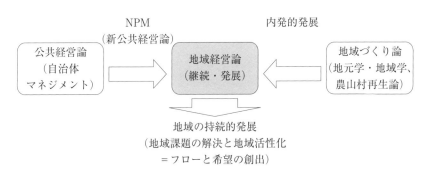

図3-3　地域経営論の視座
資料：筆者作成。


## 4. 地域経営論の視座

### （1）地域経営の定義

　前節で概説した関連理論の展開を踏まえると、今日の「地域経営論」に求められているのは、公共経営論的アプローチと地域づくり論的アプローチの融合であることがみえてくる（図3-3）。前者については中間支援組織に代表される地方自治体と多様な主体との協働の仕組みやPDCAサイクルの視点は積極的に取り入れるべきものであろう。一方、内発的発展論の考え方や地域づくりのフレームワークは地域経営論においても基礎を成すものである。「立ち上げ期」から「事業期」へのステップアップを実現するためのマネジメント、小田切氏のフレームワークでいえば「暮らしの仕組みづくり（〈場づくり〉）」における地域づくり組織のあり方やマネジメントが主要なテーマとなろう。

　これまでの整理や考察を踏まえると「地域経営」を次のように定義できるのではないか。「地域を構成する多様な主体（地方自治体［行政・議会］、企業や自営業者、諸団体、住民や住民組織）が手を取り合い、互いの技術やノウハウをもち寄り、ともに学習を重ね、地域が有する有形・無形の資源（人的、金銭的、物的、社会的）を活用しながら、地域の抱える諸課題（地域産業・雇用、介護・保育、教育・人材育成、自然・人的災害）の解決に向けた事業を継続・発展的に取り組むこと」。また「地域経営

論」は、地域課題の解決に向けた取り組みの継続・発展の方策を組織、事業、財務・会計、マーケティング、人材育成、学習などの視点から探究するアプローチと表すことができよう。

### （2）地域経営の目標

　利潤の最大化を目標とする企業経営とは異なり、地域経営の目標は地域の持続的発展にある。地域の持続的発展とはここでは地域課題の解決と地域活性化を指すものとして理解しておきたい。地域資源（「大切にしたいモノ・コト」）を「外の視点」や「新しい切り口」も取り入れながら事業化し、それを継続・発展させることによって地域でヒト・モノ・カネ・情報のフローを生み出し、循環させてゆく。それを通して、住民をはじめとする地域の主体に「希望」をもつことができたとき、それを地域活性化と呼ぶことができるのではないだろうか。

　「希望学」を提唱した労働経済学者の玄田有史氏によると、希望とは「行動によって何かを実現しようとする気持ち（Hope is a wish for something to come true by action）」と定義している[15]。地域経営（あるいは地域づくり）はまさに挑むべき「何か = for something = 地域課題」を共有し、「行動によって = by action」、「実現する = to come true」ことであり、それを願う「気持ち = a wish」を、住民をはじめとする地域の主体がそれぞれもつことができれば、それは何物にも代えがたい「地域力」となるはずである。

### （3）地域経営の実践課題

　昨今、政府（内閣府）の「まち・ひと・しごと創生総合戦略」において、中山間地域等における地域経営の枠組みとして「小さな拠点」づくりが推進されている。「小さな拠点」とは、「小学校区など複数の集落が散在する地域において商店、診療所等の日常生活に不可欠な施設・機能や地域活動を行う場を、歩いて動ける範囲に集め、さらに周辺の各集落との間をコミュニティバスなどの交通手段により結んだ地域の拠点」（国土交通省資料より）のことをいう。内閣官房が発行している「小さな拠

点」づくりの手引書には、初期段階における住民の当事者意識の醸成と合意形成の手段としてワークショップが位置づけられている。

　この「小さな拠点」に関わって、地域経営の主体となる地域運営組織（RMO＝Region Management Organization）が全国各地で誕生している（3,071組織、2016年10月総務省調査）。その中身や規模は多様であり、集落の商店やガソリンスタンドを共同で運営するところから、小学校区における自治会や公民館、PTA、消防団などの住民組織が一体となり地域づくりを実施するところ、また、複数のRMOが市町村域で連絡協議会を組織しているところも増えてきている。あるいは地元の農協青年部、商工会青年部、青年会議所（JC）などが職域を超えて地域づくりを協働で進めていくためのRMOも注目に値する。

　このように地域経営の主体となるRMOがカバーする地域の範囲もまた重層的である。そこでは、前出の稲垣氏が指摘するような、小さなガバナンス（集落）が農山村の持続可能性の獲得の取り組みを推進し、そこではできないことを中くらいのガバナンス（小学校区等）が担い、中くらいのガバナンスができないことを大きなガバナンス（市町村、県、国）が担うという、補完性の原理に基づく階層的なマネジメントも地域経営の重要な課題となるだろう。地域経営はいま実践のステージに入ろうとしている。

**》注**

1) 岡田知弘『地域づくりの経済学入門―地域内再投資力論―』自治体研究社、2005年
2) 田村明『まちづくりの実践』岩波新書、1999年
3) 守友裕一『内発的発展の道―まちづくり、むらづくりの論理と展望―』農山漁村文化協会、1991年、28ページ
4) 小泉允圀・岡崎昌之・林亜夫編『都市・地域経営』放送大学教育振興会、1999年、9〜10ページ
5) ここではやや極端な対比として示しているが、近年の企業組織論では企業組織を"open-system"として捉える考え方が一般的となっている。
6) 海野進『人口減少時代の地域経営―みんなで進める「地域経営学」実践講座―』

同友館、2014 年

7) 栂永佳甫編『公共経営学入門』大阪大学出版会、2015 年、3 ページ

8) 朝日新聞 2006 年 8 月 8 日付より。本記事は同年 7 月に亡くなった比較社会学者であり内発的発展論の第一人者とされる鶴見和子氏への追悼文として掲載された。同記事は赤坂氏が生前の鶴見氏と行った対談を収めた次の文献に収録されている。赤坂憲雄・鶴見和子『地域からつくる―内発的発展論と東北学―』藤原書店、2015 年。

9) 例えば次の文献があげられる。小田切徳美『農山村は消滅しない』岩波新書、2014 年。大江正章『地域に希望あり―まち・人・仕事を創る―』岩波新書、2015 年。

10) 平井太郎『ふだん着の地域づくりワークショップ―根をもつことと翼をもつこと―』筑波書房、2017 年、3 ページ

11) 稲垣文彦編『震災復興が語る農山村再生―地域づくりの本質―』コモンズ、2014 年

12) 代表的なものとして、小田切徳美編『農山村再生に挑む―理論から実践まで―』岩波書店、2013 年

13) 守友裕一「内発的発展の理論と実践」（所収：清水修二・小山良太・下平尾勲編『あすの地域論―「自治と人権の地域づくり」のために―』）八朔社、1999 年、162 ページ

14) 安藤光義・フィリップ・ロウ編『英国農村における新たな知の地平』農林統計出版、2012 年。なお、小田切氏の地域づくりのフレームワークにおいても外部（とくに都市住民）との関わりが重視とされており、「暮らしのものさしづくり」における交流活動によって、地元の人びとが地域の価値を、都市住民の目を通じて見つめ直す効果があることを「都市農村交流の鏡効果」と表現している。

15) 玄田有史『希望のつくり方』岩波書店、2010 年、44～45 ページ

本章は下記の論文に加筆・修正を行い、再構成したものである。
　則藤孝志「地域経営の理論と概念に関する基礎的検討」『商学論集』第88巻第1-2号、2019 年

## 【学習のポイント】

[1] 地域とは何か、どう捉えればよいか、本章の内容を参考にして、あなたの言葉で説明してみよう。

[2] あなたが暮らす地域の特徴や近年の動向についてまとめてみよう。

[3]「地域経営」に関わる取り組みや組織をひとつ取り上げ、調べてま

とめてみよう。

**【さらに学習を深めたい人へ】**

［1］海野進『人口減少時代の地域経営—みんなで進める「地域経営学」実践講座—』同友館、2014 年。

　　地域経営の実践書として貴重な一冊である。現場の視点から地域経営に関わるさまざまな課題とその方法が論じられている。

［2］小田切徳美編『内発的農村発展論—理論と実践—』農林統計出版、2018 年。

　　農山村の地域づくり論をリードする小田切氏らが交流をキー概念として「新しい内発的発展論」（交流型内発的発展論）を論じた体系的な研究書である。

**ティータイム**

## 地域を見る目

　地域とは何かと問われたとき答えに窮する人は多い。地域とは人びとの暮らしや営みに関わる空間的概念であり、具体物ではないためにイメージしづらいからであろう。だからこそ、そのような地域を研究対象として調査・分析する際には、あるいは地域づくりや地域経営に携わる際には、「地域を見る目」を意識することが大切であると筆者は考えている（以下、順不同）。

○比較の視点

　地域とは人間が自然との関わり（物質代謝）のなかで長い年月をかけて形づくってきたものであるため、地域の姿は実に多様である。だけれども、自分たちの地域の個性・特性はそのなかで暮らしているとなかなか見えにくいものである。そこで他の地域と比較する視点が生まれてくる。ただしそれは自分たちの地域の個性・特性を知るためなのであり、決して優劣付けを行うためのものにしてはいけない。

○変化を捉える視点

　地域は時間が流れるなかで常に変化し続けている。人口や人びとの暮らし、産業の構造など、変化の中身はさまざまであるが、その変化の理由・要因を明らかにすることは地域研究の基本的課題である。また地域の変化には災害などによる急激なものと、人口の変化や景観の変化などの緩やかなものとがある。通常、地域の変化は緩やかであるためそれを捉えることは容易ではない。そこでは常に意識的に変化を捉える視点をもつことが大切である。

○地域の内（主観）と外（客観）

　比較の視点とも関わるが、地域の姿を捉えるためには内からの視点（主観）と外からの視点（客観）の両方から捉えることが大切である。内発的発展とは決して地域に閉じたものではなく、外との相互作用によって住民の主体性を高める考え方であることは本文で述べた通りである。

○ Think Globally, Act Locally（グローカル）

　私たちの暮らしの場所としての地域に軸足を置きながらも、それは日本全体、そして世界とつながっている。手垢の着いた表現だが、グローバルな視点で考え、身近な地域で行動する姿勢が私たちには求められている。

○複眼的視点と多様性

　地域にはさまざまな産業・職業があり、またさまざまな世代（若年〜高齢）の人びとがさまざまな考え方をもって生活しているため、それらのなかで利害が対立することもある。消費者と生産者との利害対立、また農業と商工業との利害対立などもあるだろう。これらの対立を調整し、折り合える部分を探ることが政治の本質と言えようが、そこでは地域をさまざまな立場や角度から複眼的に捉え、そこにある多様性を尊重する姿勢が欠かせない。

# 4 | 地域産業の発展とフードシステム

則藤孝志

　近年、地産地消や農商工連携、6次産業化など食と農を基軸として地域のコミュニティや産業の活性化を図る取り組みが全国各地で盛んになっている。これらを一過性のブームや単発的な商品開発に終わらせず、活力ある地域経済の発展につなげていくためには何が必要なのか。本章では地域フードシステムの概念を中心に、取り組みの継続・発展に向けた課題について学んでいく。

《キーワード》　継続・発展、地域フードシステム、クラスター形成、地域づくりのプラットフォーム

## 1. 広がる食と農のチャレンジと継続・発展の難しさ

　2006年に始まったB-1グランプリを契機として、いわゆるご当地グルメの開発と発信が全国各地でブームとなった。最近ではイベントとしてのグルメ開発にとどまらず、例えば地元の商工会青年部と農協青年部が連携し、食と農を活かしたイベントや商品開発に取り組んだり、それを継続的に実行するための組織を立ち上げたりするところも出てきている。また、道の駅や農産物直売所も近年ますます地域の拠点としての存在感を増してきている。店舗数や売上高の増加もさることながら、従来の地場流通や地産地消の機能を超えるような、加工・流通・サービスの事業展開（6次産業化）に取り組むところも増えてきている。このように地域産業の基礎をなす「農業」とすべての人間が直接関わる「食」を結びつけることで地域活性化（第3章参照）を実現しようとする取り組みが、地方創生が叫ばれる昨今広がりつつある。

　しかし、こうした期待とは裏腹に、閉鎖的な運動論にとどまり地域への広がりに乏しい地産地消や、一過性のブームや単発的な商品開発に終

わってしまう農商工連携や6次産業化の取り組みも少なくない。もちろんそこには、各地で同様の取り組みが数多く生まれているなかで、それらとの厳しい競争やマーケティングの難しさがあると考えられる。あるいは農業サイドと加工サイドの構造的ミスマッチも指摘されている[1]。しかしより問題だと思われるのは、理念の欠落ではないだろうか。地域の抱える問題を共有して、その解決に向けてともに取り組むという地域づくりの理念なき単なるビジネスモデルと化した農商工連携や6次産業化では、単発的な商品開発に終始してしまいやすいし、取り組みを支援する政策も短期的なものになってしまう。これでは期待されているような雇用の創出や付加価値の循環による地域活性化には貢献しない。

　以上の問題意識を踏まえ、本章では、地域フードシステムを基礎概念に位置づけ、食と農で地域の活性化をめざす取り組みにおいて継続・発展を支えるポイントとは何か、この問いを考えながら論を進めていきたい。

## 2.　フードシステムと地域経済

　本節では、フードシステムの概念に触れながら、地域経済における農業と食品産業の位置づけとそれらが結びつくことの社会的・経済的意義について概説する。

### （1）フードシステムの概念

　農産物が生産されて、食品として私たち消費者の手に届くまでには、さまざまな産業が介在する。その流れは川に例えられ、川上の農林水産業（以下、適宜農業と略す）から、川中の食品製造業、川下の食品流通業や外食・中食産業（飲食業）を経て消費者（海あるいは湖）に至る。このなかで川中と川下を構成する産業を合わせて食品産業と呼んでいる。農業と食品産業、そして消費者は原料や製品、商品の取引を通じて結びついており、その流れとつながりを捉える概念がフードシステムである。

　フードシステムとは「農業生産から加工、流通を通じて消費者に至る

段階や活動をひとつのシステムと捉え、そのなかでの相互関係を研究するアプローチ」である[2]。フードシステム・アプローチでは、単に農産物・食品の流通経路をたどるだけではなく、全体をひとつのシステムとして捉える視野から農業－食品産業－消費者をめぐる主体間の相互関係とシステムの構造変化に着目する。また、川上から川下への流れは一方的なものではなく、物質循環や情報の流れ、消費者の影響力を踏まえて双方向的・循環的なものとして捉える。さらに、農業－食品産業－消費者のつながりそのものに加えて、政治・経済、健康・栄養などの社会環境や生態系などの自然環境もシステムの状態に影響を与える要素として関心を向ける。

　このようなフードシステムの考え方は、現代の世界の食料問題や日本の農業問題を考えるためには不可欠な「分析視角（アプローチ）」であるが、ここでは地域を支える「実体」としてのフードシステムにも注目してみよう。すなわち、食と農をめぐる産業群とそれに関わる諸部門（行政、医療・福祉、教育など）、そして市民（消費者）が織りなす関係の総体を、地域経済や人びとの生活を支える「地域フードシステム」として位置づけてみたい（図4-1）。

**（2）地域を支えるフードシステム**

　食料の大半を海外に依存する現代日本のフードシステムは、当然世界に広がりをもつものである。一方で、地域経済や人びとの生活を支える「地域フードシステム」を強化していくことは極めて重要である。

　このことを示すために、ここでフードシステムを構成する産業の規模を確認しておこう。農林水産省が政府統計（「産業連関表」及び「国民経済計算」）を基に算出したところによると、2017年の農業と食品産業を合わせた生産額は日本全体で116.8兆円にのぼり、全経済活動の11.4％を占める。また就業人口でみてみると、現在の農業と食品産業とを合わせた就業人口は約1千万人であり、全産業の労働力人口約6千5百万人（総務省「国勢調査」より）において占める割合も小さくない。とりわけ、地方ではこれらの割合が高くなると考えられることから、農業と食品産

業は地域経済を支える主要な産業群と位置づけることができよう（章末
ティータイム参照）。

　さらに図4-1にも示すように、農業と食品産業とのつながりに加え、
農業資材供給などの関連産業、さらには観光、医療・福祉、教育（学
校・大学）、そして行政や市民を含めた諸部門との取引や連携の輪を広
げていくことも「地域を支えるフードシステム」のテーマである。

　例えば、観光との関わりについては、冒頭のご当地グルメをはじめと
して従来から「食」は人びとを惹きつける観光資源のひとつであるし、
そこに近年は「農」を観光資源として活用するグリーン・ツーリズムの
展開も盛んである。従来よりあった観光農園（いちご狩りなど）に加え
て、棚田や「田んぼアート」などの美しい景観や農家民泊での農家との
交流など「農」がもつ多彩な魅力の発信が各地で行われている。

　また、医療や健康との関わりでいえば、漢方薬の原料となる薬用作物
（生薬）の産地化に取り組むところや、健康志向に対応して機能性の高

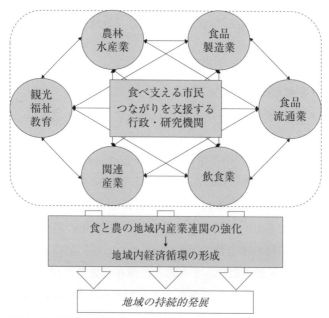

**図4-1　地域で育むフードシステム**
資料：筆者作成。

い食品を地元大学と共同で開発する食品メーカーなどが出てきている。さらに「農福連携」と呼ばれる、障がい者や高齢者が農業の現場で働きながら地域社会の課題解決に取り組む動きも注目される[3]。

　こうした「食」と「農」を基軸とする取り組みの多面的な広がりは地域フードシステムを一層豊かにしてくれる。また、多様な主体がつながり、地域課題に対してそれぞれが役割を果たすという意味でフードシステムは地域づくり・地域経営の重要な実践の場であるとも言えよう。

## （3）食と農の地域内産業連関

　先ほど農業と食品産業は地域経済を支える主要な産業群であると述べたが、ここでは地域の中で産業同士が原料や製品の取引を通じて結びつくことの経済的意義を改めて確認しておこう。

　地域経済学者の中村良平氏は、持続可能な地域経済を「自立できる経済システムが継続していること」と定義したうえで、そこには製品やサービスを域外に販売して域内に資金を呼び込む力（「移出力」）と、域外から獲得した資金と域内にある資金をいかに地域内で循環させるかという「循環性」の両面が重要であると述べている[4]。農業を中心に考えてみると、生産量や品質において他産地との競争に勝ち抜き、首都圏をはじめとする大消費地に農産物を出荷できるような主産地の形成（移出力の強化）はもちろん重要である。一方で、地域への経済的な波及を重視するならば、域内で食品産業や観光等の関連部門が地場農産物を積極的に活用することで付加価値を高めていくこと、すなわち循環性を高めていくこともまた重要である。これを地域内経済循環と呼ぶ。さらにそこで生み出されたモノ（商品）・コト（サービス）によって地域の魅力が高まり域外から人や資金を呼び込む力に発展していくことも期待できるだろう。

　こうした「循環性」に関わって、同じく地域経済学者の岡田知弘氏（第3章参照）は「再投資」の重要性を提起している。そこでは投資を「あるまとまったお金を投下することによって、商品と労働力を購入し、それらを結合して、新たな商品やサービスを作りだし、それを販売する

ことによって、利益をともなった売上を回収する経済活動」と定義した
うえで、地域経済の持続的な発展には、地域内で繰り返し再投資する力
＝「地域内再投資力」をいかにつくり出し、地域内産業連関を強化する
かが決定的に重要であると述べている[5]。

　以下では、米粉パンをモデルに具体的にみてみよう（図4-2）。ある
米産地において農協（あるいは製粉業者）がパンづくりにも使用できる
米粉用製粉機械を導入し、米粉の製造・出荷を開始した。その米粉を地
元のパン屋が仕入れて米粉パンを製造・販売し市民が購入し消費するよ
うになった。そこでは米（玄米・精米）から米粉、そして米粉パンへと
形態を変えていくなかで主体間の取引を通じて付加価値が形成される。
もちろん、以前のように生産者が農協を通じて域外に米を出荷し、パン
屋は域外から小麦を仕入れてパンをつくっていたケースでもそこには一
定の付加価値と所得は生み出される。しかし、市民が米粉パンを購入す
るようになるケースの魅力は、市民が米粉パンに支払った代金、すなわ
ちパン屋の売上の大部分が域内で各主体（米生産者、農協・製粉業者、パ
ン屋）の経済活動に再投資されることで、地域経済が幾度も循環するよ
うになるところにある。これによる累積的な経済効果は「地域内乗数効
果」と呼ばれている。この概念を提唱したイギリスの市民団体New
Economic Foundation は、私たちの生活に欠かせないパンを始めとする
食料やエネルギーの大部分が域外から調達されることで、資金が域外に
流出している様子を「穴の開いたバケツ」に例え、漏れバケツの穴をひ
とつずつふさいでいくこと、すなわち調達先や販売先を域内に代替して
いくことの必要性を提起している。

　経済の低成長と財政難の時代にあるいま、企業誘致や公共事業など域
外からのまとまった投資が期待しづらいなかでは、上記のような「循環
性」や「再投資力」を地域で高めていくことが地域政策の要となるだろ
う（図4-1）。そしてそこでは、農業と食品産業を中心に多様な産業・
部門とがつながり、地域の中でヒト・モノ・カネを回していくことがで
きる地域フードシステムの形成が期待されているのである。

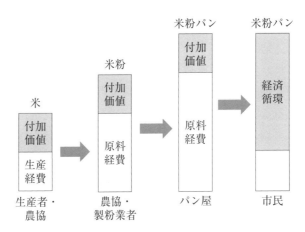

**図4-2　米粉パンが生み出す付加価値とその循環**
資料：筆者作成。

## 3. 地域フードシステムの展開

　本節では、2000年代以降に盛んに取り組まれるようになった地域フードシステム（ローカル・フードシステムとも呼ばれる）の形成について、ここでは地産地消、農商工連携、6次産業化を取り上げ、それらの展開と課題についてみていこう。

### （1）グローバリゼーションと地域へのインパクト
　まずは、地域フードシステムが注目され盛んに取り組まれるようになった背景として、グローバリゼーション（グローバル化）の進展とそれが地域の産業や私たちの生活に与える影響について整理しておく。
　グローバリゼーションとは一般的に、「国を超えて地球規模で交流や通商が拡大すること。世界全体にわたるようになること」（広辞苑）を指す。異なる国や地域との間の交流や相互関係の進展を意味する「国際化」という言葉は以前からあったが、地球レベルの広がりを強調する言葉として1990年代後半頃から盛んに使われるようになった。
　グローバリゼーションによって食と農の分野にあらわれる現象には、①食料貿易の拡大、②価格の国際連動性、③労働力の国際的な移動、④

食をめぐる政策・規制のハーモナイゼーション（調和と標準化）、⑤食生活の標準化・画一化があるとされる[6]。①について日本からみた場合、日本は世界最大の農産物純輸入国である。近年の動向としては、加工食品の輸入拡大があげられる。国内の食品製造業では原料調達の国際化が進展することで加工業者やメーカーの脱地域・脱産地が進んできた。さらに原料調達にとどまらず、栽培・加工等に関わる技術や資金を海外の産地・企業に提供して代わりに半製品や最終製品を調達する「開発輸入」が盛んに行われるようになった。このように、食料の供給連鎖（フード・サプライチェーン）は広域化し、また目には見えにくい複雑な仕組みとなるなかで、「食」と「農」との距離（地理的・時間的・社会的距離）はますます拡大している。

　こうした食と農のグローバル化は、大局的にみた場合、世界の経済発展を促進するとともに発展途上国の食料問題や貧困問題の改善にも寄与するものであろう。また、先進国である日本にとっても安価で多彩な食品に気軽にアクセスでき、利便性の高い食生活を手にすることでその利益を享受している。その一方で、グローバル化が地域の食と農に与えるインパクトは大きいものがあり、地域の産業やコミュニティといったローカルな視点から捉えることでみえてくる問題にも注意を払いたい。

　グローバリゼーションのもとでの地域におけるフードシステムの動態を一言で表現するならば、それは小規模多数で構成されるシステムから大規模少数による寡占型システムへの構造変化である。20世紀中頃の高度経済成長期以前、地域の食と農は小規模な事業者によって担われていた。コールドチェーンと呼ばれる低温流通体系によって、農産物・食品の広域流通が整備された後も、80年代頃までは家族主体で営む食品加工業者（豆腐・納豆、味噌・醤油、酒など）や食料品店（米穀店、青果店［八百屋］、鮮魚店、精肉点、酒販店、商店など）が各地域に多数存在していた。

　しかし、90年代頃からスーパーマーケット・チェーンの大規模化やコンビニエンスストアの普及がみられ、とくに2000年頃の大型店出店の規制緩和は、外資系を含む大規模量販店拡大の追い風となり、彼らは

地域の中小スーパーや商店街を淘汰しながら、大規模化・寡占化を進めていった。それにともない、中小スーパーや食料品店を主な売り先としていた中小食品加工業者も急速にその数を減らしている。こうした結果、食と農の地域経済や商店街等の中心市街地が衰退の一途をたどっているところも少なくない。かつては当たり前の仕組みとしてあった循環型のフードシステムであるが、その形成が難しくなっているのが90年代以降の状況として整理できよう。

### （２）地産地消の展開

　グローバリゼーションのうねりは力強く抗いがたいものではあるが、その流れは一方的なものではなく、90年代当初よりそれへの対抗軸も盛んに議論されてきた。いわばローカリゼーションである。その有効な手段のひとつとなりうるのが、地域フードシステムの形成、すなわち農業・農村の生産現場を基礎とする一定の地理的範囲で加工や流通部門、消費部門との結びつきを再構築しようとする動きである。それを下支えする概念として「地産地消」がある。そこにはふたつのテーマが内包されていることを押さえておきたい。

　ひとつは、グローバル経済から食と農の主権を地域に取り戻すという社会運動としての地産地消運動である。その言葉が普及し始めた90年代当初、環境問題や食の安全性（遺伝子組み換え作物やBSE問題など）に関心をもつ生協等の消費者グループが、生産者に働きかけ安心できる地元の農産物を積極的に購入する一種の消費運動（消費者→生産者）として始まった。近年は、生産者と消費者とが交流を深めながらCSA（Community Supported Agriculture）と呼ばれる、地域で支え合う農業の仕組み（消費者⇔生産者）も育まれている。そこでは、農業生産にともなうリスク（価格や収穫量など）と収穫（恵み）の両方を互いに分かち合うことを理念として播種前契約や再生産可能な価格形成、そして農作業支援をはじめとするさまざまな交流が行われている。

　このような取り組みには、関心の高い一部の消費者と生産者との閉鎖的な取り組みにとどまるケースも少なくないが、一方で地産地消はより

カジュアルで身近なものとして広がっている。冒頭でもふれた農産物直売所（ファーマーズ・マーケット）については、2000年頃から農協や第3セクターによる大型直売所が増加し、最近ではスーパーマーケット店舗の中にいわゆるインショップという形態で設置された地元生産者グループの直売コーナーもよく見かけるようになった。また、学校給食における地産地消の展開も注目される。そこでは地場産農産物を食材として供給するだけでなく、農業体験や地域学習と融合させるなど学校給食を食育（食農教育）と郷土教育の「生きた教材」として活用する試みも各地で展開されている。

　こうした地産地消の取り組みには、先述のような社会的意義に加えて経済的意義も含まれていることが読み取れるだろう。したがって、地産地消のもうひとつのテーマは、食と農の地域経済振興である。この観点を重視した下平尾勲氏らは地域政策論の立場から地産地消を次のように定義している。

　「地産地消というのは地元で生産された産品を、住民が積極的に消費することによって生産を刺激し、関連産業を発展させ、地域の資金循環を活発にし、地域を活性化するひとつの方法である」[7]。

　下平尾氏らは地産地消の対象範囲を農業及び農産物に限定せず、それを活用した加工食品や地場産業（漆器や織物など）、商業、観光業を含めた地域の幅広い産業を対象範囲として位置づけた。さらに、地産地消の「消」は最終消費の意味だけでなく、地域資源・原料・製品の利活用の意味にも重きを置きながらいわゆる「地産外消［商］」を含めた地域内産業連関の重要性を主張している。そして、こうした考え方を具現化するための施策としてあげられるのが次項で取り上げる農商工連携と6次産業化である。

### （3）農商工連携と6次産業化の課題

　農業生産額の減少や従事者の高齢化、耕作放棄地の拡大など、地域農業をめぐる状況は厳しさを増している。また、厳しい状況にあるのは商工業も同じであり、公共事業の削減や中心市街地のシャッター街化な

ど、地域経済の衰退傾向は強まっている。このように旧来の産業別振興方策ではそれぞれの問題解決が困難になってきているなかで、農業と商工業を担う中小企業との連携による新たな事業創出によって、地域の活性化をめざす取り組みが「農商工連携」である。農商工連携とは、地域の特色ある農林水産物や美しい景観など、長い歴史のなかで培ってきた貴重な地域資源を有効に活用するため、農林漁業者と商工業者が互いの技術やノウハウを持ち寄り、新しい商品やサービスの開発、販路の拡大などに取り組むものである（農林水産省）。2008 年には農商工連携を促進する法律が施行し、経済産業省と農林水産省が協力して支援事業を展開している。

　これまで補助対象として認定された事業計画は全国でのべ801件（2019 年4月時点）にのぼる。その内容は、規格外や低・未利用品の有効活用、新たな作目や品種の特徴を活かした需要拡大など多様であるが、農林漁業者が主体となっている取り組みは53件（6.6 %）と少なく、商工業者（加工・販売業者）が主導する取り組みが中心となっている。そのため、商品開発の段階に重点が置かれる傾向があり、そこでは農業との連携関係が原料供給を通じた取引関係にとどまってしまい、農業サイドにおける生産誘発効果やそれによる所得形成に乏しいケースも少なくない。

　こうしたなかで、農業サイドの活性化と生産者の所得拡大の切り札として注目されるようになったのが6次産業化である。農商工連携が各産業主体間の分業に基づくものであるのに対し、6次産業化は農業経営体による加工・流通・サービス部門への事業の垂直的多角化を意味する。農業経営体が加工・流通・サービス部門を内部化すること自体は特段新しいものではない。農産物を加工して付加価値をつけることを推奨する「1.5次産業」という言葉は80 年代からすでにあった。とくに、他部門との融合が生まれやすい畜産経営では、三重県の「伊賀の里モクモク手づくりファーム」や山口県の「船方農場グループ」がその先駆けとしてあげられるだろう。1997 年に発刊された船方農場グループのビジョンを記した書籍には次のように記されている。

「船方農場グループの総合農業事業は、1次×2次×3次がコラボレーションされた第6次産業である。生産者は消費者ニーズを的確に知ることはもちろん、『農』を開かれたものにするためにコミュニケーション豊かな事業をめざす。顔の見える商品づくり。マーケティングを導入した、お客さま第一主義の商品やサービスを開始していかねばならない」[8]。

　90年代当時、すでに顧客との対話やマーケットインの考え方に基づく6次産業化が実践されていたことは大変興味深い。一方で6次産業化には従来の農業生産に比べ多方面の経営資源やノウハウが必要となる。現在の農業経営体が家族を中心とする小規模なところが大宗（たいそう）を占める状況においては、地域の商工業者との連携も重要な手段である。持続可能な地域経済という視点に立てば、分業による農商工連携か多角化による6次産業化かの二者択一ではなく、双方を地域の中で数多く育み、農業と食品産業、関連部門（観光、医療・福祉、教育など）、そして市民とのつながりを地域で生み出し、産業連関を強化していく方向性が重要なのである。

## 4. 継続・発展に向けた課題

### （1）クラスター形成

　農商工連携や6次産業化がある種のブームのような状況となっているが、そこには単発的な商品開発に終わるケースも少なくない。これらを真に地域活性化に寄与しうるものにするためには、事業の継続・発展を通じて個々の取り組みをつなげ地域に広がりのあるフードシステムにどう発展させていくか、これを見据えることがまず重要であろう。

　この方向性を示しているのが「産業クラスター」という概念である。経営学者M・ポーターによると、産業クラスターとは「特定分野における関連企業、専門性の高い供給業者、サービス提供者、関連業界に属する企業、関連機関（大学、企画団体、業界団体など）が地理的に集中し、競争しつつ同時に協力している状態」を指す[9]。ポーターはクラスター形成のもたらす効果として、①生産性の向上、②イノベーションの誘

発、及びそれを支える、③新規事業の創出をあげている。農林水産省では
はこの概念を農業・食品分野に応用した「食料産業クラスター」の形成
を2005年から支援してきた。

　このクラスター形成にはふたつの意味の集積が内包されていると捉え
られる。ひとつは、農業者や食品事業者、行政、研究・教育機関など食
と農に関わる多様な産業主体の地域的集積によるプラットフォームの形
成である。産業クラスター政策では、このような異業種が集まることで
イノベーションを誘発することに効果の重きを置いているようである
が、一方で、もうひとつの集積、すなわち古典的な産業集積論でいわれ
る産業内部の集積という視点も重要であろう。例えば、商品開発とその
販路開拓が進むことで原料を供給する農家数が増加する、またそれを加
工するメーカーが増加する、さらにその食品を扱う商店や飲食店が増加
するといった各産業内部の集積が図られてこそ、地域への広がりと産業
の厚みが生まれるからである。

　このような多様な産業の集積と同一産業内の集積の双方をそれぞれ図
ることで、農商工連携による食品事業者と農業者の縦のつながりが複線
的に拡大し、また食品事業者同士、農業者同士といった横のつながりが
交わり、全体としてクラスターが地域に広がっていく（図4-3）。そこ
では生産活動に関わるさまざまな再投資が事業者によって繰り返される
ことで豊かな地域内経済循環が形成される。このような発展モデルを意
識的に描きながら、農商工連携や6次産業化の事業を進めていくことが
重要であると考える。

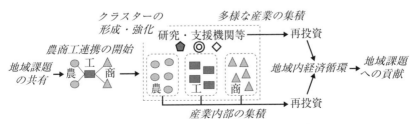

**図4-3　農商工連携から地域産業クラスターへの発展モデル**
資料：筆者作成。

## （2）地域づくりのプラットフォーム

　上記のようなクラスター形成を実現するうえで、図4-3の起点にある「地域課題の共有」が最も大切なことであると言えるかもしれない。継続・発展が叶わなかった事例をいくつか観察していると、そこではビジネスの失敗による撤退ではなく、事業者の取り組みへのモチベーションが薄れてしまい、「連携疲れ」のようなかたちで事業が終わってしまうことも少なくない。一方で長く継続・発展を遂げている取り組みは、それを行う目的や地域が抱える課題、事業の目標が関係者のなかで共有されているし、そのための工夫や仕組みがあるように思われる。また、クラスター形成のプロセスにおいて、価格や品質をめぐる問題など多様な主体が集まるがゆえのトラブルや難しさを乗り越えるための調整機能とその場づくりも重要な部分である。

　こうした課題に対してひとつのヒントを与えてくれるのが経営学者の飯盛義徳氏が提唱する「地域づくりのプラットフォーム」という概念である[10]。飯盛氏は、地域づくりを「地域の課題解決を行う具体的な活動」であると捉え、その継続・発展を支えるポイントとして、いろいろな人が集い、そこでの相互作用によって、予期もしないような活動や価値を次々と生み出していくことをあげている。これを「社会的創発」と名づけ、このような状態をつくり出すコミュニケーション基盤となる仕組みを「プラットフォーム」と呼んでいるが、この枠組みは先に示した地域課題の共有から始まる食と農のクラスター形成のマネジメントにも応用できると考えられる。

　また、飯盛氏は地域づくりの成否は効果的なプラットフォームをいかに設計するかにかかっているとしたうえで、そこでは「強いつながり」と「弱いつながり」の双方を組み合わせるという視点を提示している。強いつながりとは、地縁や血縁に基づくものであり、信頼が醸成されやすく同質的な情報の深い共有に不可欠なものである。食と農のクラスター形成でいえば、農業者、商工業者など原料や製品をめぐる取引関係を結ぶフードシステムの構成主体となろう。そこでは主体間関係を当初の緊張関係から継続的な協調関係にかえていくような信頼醸成のための

コミュニケーションの場づくりが重要となろう。また、集積を促進するためには新規に参画しようとする事業者を積極的に募り、受け入れるような仕組みも求められよう。

　一方、これまでにない異質な情報がもたらされる可能性を有する弱いつながりも重要である。観光、医療・福祉、教育などの諸部門や市民との連携の輪を広げていくことも「地域を支えるフードシステム」のテーマであると述べたが、このような弱いつながりを意識的に築いていくことによって、当初想定していなかったような新たな販路や事業のアイデアを次々と生み出していくこともクラスター形成の発展には不可欠となるだろう。また、このような2種のつながりを効果的にデザインしていくためには、プラットフォームの全体を見渡し、各主体の強みを引き出し、あるいは弱みを補完し合う連携関係を構築できるようなコーディネーターの役割が不可欠になろう。それを担う行政や農協、大学、あるいは中間支援組織の存在も極めて重要になると考えられる。

## （3）地域でフードシステムをデザインする

　本章では昨今各地で盛んに行われている食と農による地域活性化の取り組みについて考えてきた。第2節で述べたように、フードシステムを構成する農業と食品産業（食品製造業、食品流通業、外食・中食産業［飲食業］）は、地域経済を支える重要な産業群である。そこに観光業や医療・福祉部門、教育部門も加わって、活力ある食と農の地域経済をいかにして築いていくか、それをどうマネジメント（地域経営）していくかが問われている。そこでは①地域づくりの理念と地域課題を主体同士で共有すること、②単線的な取引のつながりから地域に広がるクラスターの形成をめざすこと、③主体間の協調関係と社会的創発を生み出すプラットフォームを構築すること、これら3点について論じながら地域フードシステムの発展方向を検討してきた。

　地域の中でフードシステムを育んでいくことは、農業が基盤にあって、それに関連するさまざまな産業・部門が域内・周辺で結びつき、つくる人、使う人、食べる人が域内で集まり、取引し、交流して、にぎわ

う姿を示しており、それはめざすべき地域経済・社会の姿であると言えよう。

**》注**

1) 生鮮品をメインに生産する産地と品質・物量の安定と安価を求める加工業者とのミスマッチなどが指摘されている。詳しくは、堀田和彦『農商工間の共創的連携とナレッジマネジメント』農林統計出版、2012年を参照。
2) 室屋有宏『地域からの六次産業化—つながりが創る食と農の地域保障—』創森社、2014年、21ページ
3) 農福連携の多様な展開については、例えば、濱田健司『農福連携の「里マチ」づくり』鹿島出版会、2015年を参照。
4) 中村良平『まちづくり構造改革—地域経済構造をデザインする—』日本加除出版、2014年、6ページ
5) 岡田知弘『地域づくりの経済学入門—地域内再投資力論—』自治体研究社、2005年、138〜139ページ
6) 櫻井清一「グローバリゼーションと世界の食料需給」（所収：藤田武弘・内藤重之・細野賢治・岸上光克編『現代の食料・農業・農村を考える』）ミネルヴァ書房、2018年、3〜4ページ
7) 下平尾勲・伊本維年・柳井雅也『地産地消—豊かで活力ある地域経済への道標—』日本評論社、2009年、ⅱページ
8) 船方農場グループみどりの風協同組合『第6次産業の創造—これからの農業農村像—』1997年、117ページ
9) M.ポーター（竹内弘高訳）『競争戦略Ⅱ』ダイヤモンド社、1999年、67ページ
10) 飯盛義徳『地域づくりのプラットフォーム—つながりをつくり、創発をうむ仕組みづくり—』学芸出版社、2015年

**【学習のポイント】**

［1］6次産業化や農商工連携の失敗（と思われる）事例をひとつ取り上げ、失敗の要因を考えてみよう。
［2］6次産業化や農商工連携の成功（と思われる）事例をひとつ取り上げ、成功の要因を考えてみよう。
［3］地域づくりのプラットフォームを持続的に運営していくためのポイントを考えてみよう。

**【さらに学習を深めたい人へ】**

[1] 新山陽子編『フードシステムと日本農業』放送大学教育振興会、2018 年。

　フードシステムの理論と実態を丁寧に解説したテキスト。消費者の食品選択行動や食品廃棄、食品安全の問題など川下側の今日的論点も豊富に取り上げられている。

[2] 藤山浩『田園回帰 1 ％戦略―地元に人と仕事を取り戻す―』農文協、2015 年。

　毎年 1%の人口の取り戻し戦略と地域内経済循環の形成による 1%の所得の取り戻し戦略を現場実証的に論じた名著。

**ティータイム**

## 農業は地域の基幹産業なのか？

　新潟県と接する福島県の西端に西会津町という中山間地域の町がある。人口は5,961人（2019年1月時点）。65歳以上の割合は46.4％と全国平均の28.2％に比べて高齢化が著しい。町の基幹産業は農業であるが、高齢化の影響で農業就業人口のうち65歳以上が約75％を占めている。農業総生産額（農業生産額−中間投入、2015年）は、米と野菜を中心に合計約8億円であり、同年の町内総生産額約200億円に対する割合は5％に満たない。

　それでも農業が町の基幹産業と位置づけられるのはなぜなのだろうか。理由は次の3点ほどあげられよう。1点目は就業人口の視点である。2015年時点の同町農業就業者の合計は778人であり、15歳〜79歳の人口に占める割合は16.4％にのぼる。50歳以上でみるとその割合は3割近くに達すると思われる。つまり西会津町に暮らす人びとにとって農業は重要な生活の営みなのである。

　2点目は本章のメインテーマでもある産業連関の視点である。農業はフードシステムや食と農の地域産業クラスターの土台を形成する産業である。農業において生産された農産物や副産物が町内の第2次産業（食品製造業）や第3次産業（直売所や地元スーパー、飲食店など）で使用されている。このような食と農の地域内産業連関によって町の魅力やブランド価値は増幅するのであり、その土台を形成する農業はやはり重要である。

　そして3点目は、福祉の視点である。高齢化が著しい同町において、農業は介護予防や健康づくりの重要な手段であると考えられる。農作業には、癒しの効果や健康増進の効果があるとされ、社会保障費用の削減にも寄与する。また、同町は、健康な身体は健康な食べ物から、健康な食べ物は健康な土からとして、ミネラル成分を多く含んだ土壌で栽培した「ミネラル野菜」の振興に20年間取り組んできた。今では「にしあいづ健康ミネラル野菜普及会」を中心に、高齢者（とくに女性）が活躍できる農業部門として、「食と農と福祉」が一体となった町を代表する特産品に育っている。高齢者中心でも輝ける農業と地域づくりの展開に今後も注目である。

# 5 | 福島県における
ワイン産地の形成に向けた課題
（ケーススタディ）

則藤孝志

　原子力災害からの復興の道を歩む福島県では、食と農を基軸として地域
再生をめざす取り組みが県内各地で生まれている。本章では、福島県にお
いて近年積極的な展開がみられる醸造用ブドウとワインの産地形成をめざ
す動きを描き出しながら、今後の発展に向けた課題を展望する。

《キーワード》　原子力災害、醸造用ブドウ・ワイン、広域連携、テロ
ワール

## 1. 原子力災害からの食農チャレンジ

　2011年3月11日に発生した東日本大震災（以下、震災）と津波及びそ
れらを原因として引き起こされた東京電力福島第一原子力発電所事故
は、市民の暮らしと農林水産業をはじめとする地域産業に甚大な被害を
もたらした。原子力災害からの農業・農村の復旧・復興をめぐっては、
発災から数年間は帰還と営農再開に向けた放射性物質の除染や農作物へ
の吸収抑制対策、収穫物の検査体制など放射能汚染問題への緊急的対応
に焦点が当てられてきた。これらの時期を「復旧のステージ」と表現で
きよう。一方、発災から3年余りが経過した2014年頃から、除染作業
の進展などにともない放射線の空間線量率が安定的に低減した地域にお
いて避難先からの住民の帰還が始まった。そこでは病院や商業施設など
の生活インフラの整備に加え、住民の暮らしとコミュニティの再生、そ
して産業の復興に向けて地域が主体となってどのように取り組んでいく
かが大きな課題となっている。被災地はいま「地域づくりのステージ」
に移行していると捉えることができる。

　原子力災害被災地においてこれから豊かな地域経済・社会を築いてい

くためには、基幹産業のひとつである農業の再生に加えて、農業と食品産業（食品製造業、食品流通業、飲食業）、関連部門（観光、医療・福祉、教育など）とのつながりを地域内で取り戻し、強化していくこと、すなわち地域フードシステムの形成（第4章参照）が重要になると考えられる。

　それに向けた取り組みは沿岸部の被災地を含め福島県内各地で生まれている。その動きやチャレンジの内容は多様であるが、なかでもいまや全県的な動きとして広がりをみせている、醸造用ブドウとワインの生産を地域再生の切り札として導入する動きに注目したい。

　問題は個々の取り組みの広がり、すなわち継続・発展であろう。ブドウの生産を地域に定着させるための技術普及と生産量の拡大、そしてワインを通じた食品産業や関連部門への波及・連関が現場の課題としてあげられる。そこでは一過性のブームやイベントに終わらせないための地域経営の手腕が問われていると言える。

　以上を踏まえ、本章では震災後の福島県で動き出している地域再生に向けた新たなチャレンジとして醸造用ブドウとワインの産地形成を取り上げる。そのなかから2015年に郡山市に完成した「ふくしま逢瀬ワイナリー」の取り組みに着目し、取り組みの継続・発展とクラスターとしての産地形成（第4章参照）に向けた課題を検討する。

## 2. 全国で増加する中小ワイナリー

　本節では、国産ワインと日本ワインの区別に留意しながら、近年の日本におけるワインの生産動向を確認するとともにワイナリーに対する地域の期待について整理しておこう。

### （1）ワイン生産の全国動向

　国税庁の統計によると、現在日本では年間382千キロリットル（2017年）のワイン（果実酒）が供給（正確には課税対象として出荷）されており、成人ひとり当たりに換算すると約3.6リットルとなる。全体の供給量のうちおよそ7割が海外からの輸入ワイン、残り3割が日本国内

で生産される国産ワインである（図5-1）。日本酒やビールを含む酒類全体の出荷量が減少傾向にあるなかで、ワインの出荷量は例外的に増加傾向を示している（図5-2）。

　増加傾向の要因として、輸入ワインについては南米産などの比較的安価で上質なワインが日本でも普及したことやFTA（自由貿易協定）/EPA（経済連携協定）による輸入関税の引き下げがあげられよう。一方で、国産ワインの出荷量も増加傾向を示している（図5-2）。国内でワインを生産するワイナリー（醸造所）の数は2018年時点で285業者（303場）とこの10年ほどで100を超えるワイナリーが新設されており、一種のブームの様相を呈している。

　日本におけるワイン生産の分布や動向を把握する際、「国産ワイン」と「日本ワイン」を区別して捉えることが重要である。図5-3は両方の都道府県別生産量分布を示したものであるが、国産ワインと日本ワインとで分布が大きく異なることがみてとれる。前者のトップ3は神奈川県、栃木県、山梨県、後者は山梨県、長野県、北海道である。一般的なワインのイメージからは神奈川県と栃木県がトップ2であることは意外かも

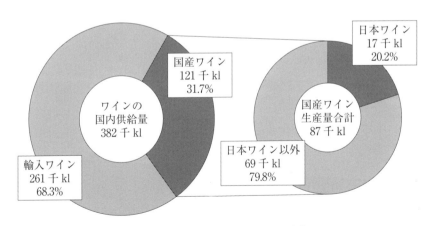

**図5-1　国産ワインと日本ワインの構成割合（2017年）**
注）両図は異なる統計に基づくものであるため左図の国産ワインと右図の数
　　量は同じにならない。
資料：左図は国税庁統計、右図は同庁「果実酒製造業者実態調査」（2017年）
　　より作成。

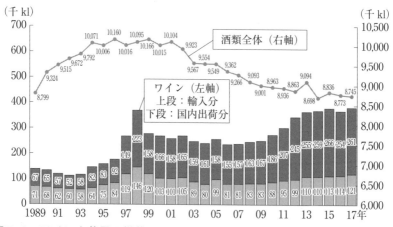

**図5-2　ワイン出荷量の推移**
資料：国税庁統計より作成。

**図5-3　ワインの都道府県別生産量分布（2015年）**
資料：国税庁「果実酒製造業者実態調査」（2015年）より作成。

しれない。このような分布の理由は、原料であるブドウ果汁及びバルク
ワイン（瓶詰めされていないワイン）が国産か海外産かにある。国産ワイ
ンは醸造地が国内であることが条件であり原料は国産／海外産を問わな
い。このようなワインが国産ワインの中の8割以上を占めており、大手
ワインメーカー5社がその大半を生産している。
　一方、日本ワインは原料産地と醸造地の両方が国内であることが条件

である。したがって、国産ワインは上記の大手メーカーの工場が立地する3県に生産が集中しているのに対し、日本ワインは中小ワイナリーが多く立地する山梨県、長野県、北海道がトップ3なのである。

　従来は国産ワインという分類しか存在しなかったが、それでは国産や地域・地元のブドウを使用したワインかどうかの見分けがつきにくいということで、2015年にワインの表示に関するルール「果実酒等の製法品質表示基準」が定められ、18年より国産ワインの定義を厳格にした日本ワインの制度の運用が始まった。

　この日本ワインの品質の向上には近年目覚ましいものがあり、世界的な評価を得ているワイナリーも少なくない。また、地域に根ざしたワイナリーが生み出す「地ワイン」に魅せられたワイン愛好家や消費者も着実に増えていることから、昨今のワインブームは従来のポリフェノールに代表される健康志向や機能性によるものではなく、日本ワイン及び地ワインとそれらを生み出す各地の中小ワイナリーへの注目からきているものと言えるだろう。

**（2）なぜワインなのか**

　では一体、ワインの何がそこまで地域の人びとを惹きつけるのか。まずはビジネスモデルの魅力であろう。ブドウ生産（農業）とワイン醸造（食品加工業）、ワインの販売・サービス（流通・サービス業）を垂直的に複合化することによる6次産業化型のワインビジネスには、農業生産者だけでなく、建設業者や福祉事業者といった異業種からも注目が集まり、近年参入が相次いでいる。

　一方、一企業としてのワイナリーの展開は、地域のさまざまな部分に正の波及効果をもたらす可能性がある。こうしたワインのもつ裾野の広さこそ最大の魅力だろう。例えば、産業振興の観点からすると、ワインによって地域の果樹農業に活力をもたらすところにとどまらず、地域のさまざまな農畜水産物に付加価値を上乗せするチャンスが生まれることである。良質のブドウを生果として出荷するだけでなく、ワインに加工して販売していく。そこではワインに合わせる食品（パンやパスタ、チー

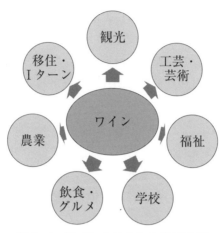

図5-4　ワインを核とした地域連関

ズ、ハムなど）を地元食材でつくる人・企業が出てくるかもしれない。また、ワインをはじめとする酒はガラス細工や漆器などのさまざまな工芸品ともつながる。これらを積極的に扱うレストランや宿泊施設、商業店舗が増えてくると多くの人びとを惹きつける観光振興の目玉になるだろう。このように、ワインが地域のさまざまな産業や主体・人びと、地域資源、あるいは地域と地域をつなぎ合わせることで、6次産業化による総合的な地域産業振興につながることが期待されているのである。

　さらにワインの取り組みは、さまざまな地域課題解決をめざす地域づくりの手段にもなる。例えば、2017年より福島県伊達市でも「だてまちなかワイナリー」というプロジェクトが始動した。同年4月に行われた醸造用ブドウの苗植えイベントには地元企業の社員や商工会青年部、自治会の方、小中学校の教員や親子など多様な人びとが参集した。今後は中心市街地にある空き店舗にワイナリーを設置し、中心市街地の活性化と農業振興（果樹農業の再生）が融合するようなビジョンを描いている。また農福連携をテーマに掲げ、ブドウの栽培管理を障がい者が中心になって担うワイナリーも出てきているし、地域おこし協力隊やIターン移住者がワインづくりで活躍しているところも少なくない。このように、ブドウとワインの生産が生み出す経済的価値や他産業への波及効果

に加え、酒には人びとに楽しさや喜びを与え、人と人、地域と地域をつなぐ力がある（図5-4）。すなわち、酒のもつ「和・輪を生み出す力」によって地域の中に多様な人びとが協働する地域づくりの場・機会をワインは提供してくれるのだと考えられる。

## 3. 福島県農業の動向とワインづくりの展開

### （1）福島県の農業概要

　福島県は東北地方の南端に位置し、面積は13.8万平方キロメートルと全国で北海道と岩手県に次いで3番目の広さを有する。そのため、太平洋に面する沿岸部の比較的温暖なところから、山間部の豪雪地帯まで自然条件は多彩である。その県域は太平洋側から「浜通り」、「中通り」、「会津」の3つに区分され、それぞれ異なる自然条件を活かした多様な農業が展開されてきた。

　太平洋沿岸の浜通りは、比較的温暖な気候を活かして、従来からの水田農業に加え、野菜や果樹、花きなどの園芸産地の形成が戦略的に図られてきた地域である。中通りは、北部に県庁所在地の福島市、中部に県を代表する経済・商業都市の郡山市が位置し、そこでは稲作を基盤としつつ果樹等の園芸品目を組み合わせた複合的な農業を展開している。また、浜通りと中通りを分けて縦断している阿武隈高地は、かつての養蚕から葉タバコ栽培を経て和牛などの畜産のブランド化が図られてきた地域である。そして豪雪地帯を有する会津は、県を代表する水田・穀倉地帯であり、また、夏季の冷涼な気候を活かしたトマトやアスパラガス、リンドウなどの園芸品目において首都圏市場からの評価も高いブランド産地を形成している。

　近年における福島県の農業産出額（2015、16、17年の3か年平均値）は2,040億円であり、東北では青森県に次いで2番目、全国では15番目ほどに位置している。震災前3か年平均（2008、09、10年）からは400億円ほど減少しており、風評被害を含む原子力災害の損害が大きくまたその影響が根強いことが伺える。

　農業産出額の内訳をみると、2017年時点では米が747億円で36.0％、

野菜類が458億円で22.1％、そして果実が264億円で12.0％とバランスの取れた構成が福島県農業の特徴と言える。

　また、豊かな農林水産物を活かした食品製造業も発展している。とくに、全国有数の銘醸地と称される日本酒は、全国新酒鑑評会（酒類総合研究所主催）において2018酒造年度時点で7年連続金賞受賞数全国1位を誇っている。また、味噌・醤油や漬物、果実加工などの中小メーカーが多く存立する一方で、物流面の好立地を活かしてビールをはじめとした大手メーカーの工場も立地している。このように農業を基盤とした食と農の地域産業は福島県の重要な産業群であると言える。

　加えて、福島県では広域な県土と異なる気候によって各地で多様な食文化が育まれてきたことにも目を向けておきたい。とくに冬季の厳しい寒さのなかで育まれてきた凍み文化（凍み大根、凍み餅など）や発酵食文化（日本酒や納豆、漬物など）はかけがえのない地域の文化である。ワインは地域を写し出す（表現する）ための食品と言われることがあるが、写し出すものが地域によってさまざまであること、すなわち食と農の地域多様性こそが福島県におけるワイン産地の形成に向けた最大の魅力となるのではないか。

## （2）放射能汚染による損害

　ここで改めて放射能汚染によって農業が被った損害について整理しておく。福島県における農業復興の調査研究をけん引してきた小山良太氏は、①フローの損害、②ストックの損害、③社会関係資本の損害から捉える見方を示している[1]。作付・出荷制限や風評被害による経済的損害を指すフローの損害や、農地汚染等による生産インフラの損害を指すストックの損害に加え、とりわけ重要であると指摘されているのが社会関係資本の損害である。これは、地域・農村におけるコミュニティやネットワーク、あるいは長年にわたり育んできた産地のブランド価値などを指す。地域経済の観点からすれば地域内産業連関の損害、すなわち地域の農業と食品産業、消費者をつなぐフードシステムの損害であるとも言える。このような損害は目には見えにくく（金銭的換算が困難）、一度傷

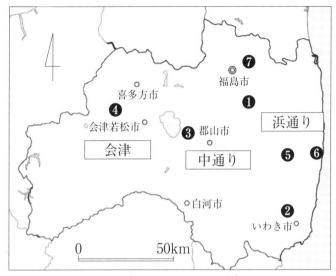

**図5-5　福島県で始動するワイナリーの分布**
注）各ワイナリーの位置は大まかなものである。


ついたものを元通りに戻すことは容易ではない[2]。この部分をどう再生・再構築していくかが「地域づくりのステージ」における被災地の最大の課題になると言えよう。そしてそこで期待されているのが「和・輪を生み出す力」をもつワインなのである。


## （3）ワインづくりの萌芽と展開

　果樹農業が柱のひとつである福島県において生食用ブドウは中通りを中心に産地を形成してきたものの、会津に数件の小規模ワイナリーや大手ワインメーカー向けの醸造用ブドウの契約栽培地があったことを除けば、福島県は醸造用ブドウ及びワインとは2010年頃まではそれほど深い関わりをもってこなかった。

　状況が大きく変化したのは震災後である。2011年以降、県内で立ち上がったワインづくりに関する取り組みや組織は管見の限りで、浜通りに3か所、中通りに3か所、会津に1か所ある（図5-5、表5-1）。それらはワインを醸造する施設、すなわちワイナリーを有しているかで大別で

**表5−1 福島県で始動するワイン及びワイナリーの取り組み一覧**

| 地域 | 地図番号 | 名称 | 開始時期 | ワイナリーの有無 | 特徴 |
|---|---|---|---|---|---|
| 二本松市 | ❶ | ふくしま農家の夢ワイン | 2011年（法人化12年） | 有（13年） | ・農業者8名が出資して12年に法人化。翌年ワイナリーを開設<br>・東北地方で2番目のワイン特区に指定（12年）<br>・地元地域づくり組織との一体的な事業展開 |
| いわき市 | ❷ | いわきワイナリー | 2010年 | 有（15年） | ・障がい者福祉に取り組む認定NPO法人が運営<br>・地域ぐるみでワイン産業の育成を図る組織を17年に設立 |
| 郡山市 | ❸ | ふくしま逢瀬ワイナリー | 2015年 | 有（15年） | ・三菱商事復興支援財団と郡山市のプロジェクトとして始動<br>・生産者組織の設立（16年）と地元生産者からの原料調達 |
| 会津美里町 | ❹ | 新鶴ワイナリー | 2016年 | 有（19年） | ・大手ワインメーカーの契約栽培地（シャルドネ）として長年展開<br>・地域おこし協力隊2名がブドウ栽培やワイン醸造に従事<br>・観光地会津の特性を活かした観光複合型ワイナリーを展望 |
| 川内村 | ❺ | かわうちワイン | 2015年（法人化17年） | 無 | ・川内村が筆頭株主となり官設民営会社を設立（17年）<br>・遊休牧草地を開墾し、約3haのほ場を整備<br>・2020年のワイン本格出荷を目標 |
| 富岡町 | ❻ | とみおかワインズ | 2016年（法人化18年） | 無 | ・町内有志10名で「とみおかワイン葡萄栽培クラブ」を16年に設立<br>・避難解除後の地域再生と産業復興の切り札として期待 |
| 伊達市 | ❼ | だてまちなかワイナリー | 2017年 | 無 | ・果樹農業の再生（耕作放棄地の活用）と商店街の活性化（空き店舗の活用）を融合させたビジョン<br>・ボランティアや市民が集う体験型農園を企画 |

注）震災以前からの取り組みは含まない。また、震災後の取り組みを網羅しているわけではない。
資料：取り組み主体への聞き取り調査及び各ウェブサイトより作成。

きる。現時点でワイナリーを有しているのは、いわき、二本松、郡山、会津美里の4か所であり、その他のところはまずは醸造用ブドウの栽培から開始しているところである。将来的には酒類製造免許（いわゆる醸造免許）を取得しワイナリーの開設をめざすが、当面は県内外のワイナリーに醸造を委託しようと考えているところが多い。ワイナリーの設置及び免許の取得には資金面、技術面、人材面、そして制度面においてそれぞれ高いハードルがあり、これらをクリアすることは決して容易ではない。しかし、それでもチャレンジしようと人びとを奮い立たせるほどの魅力がワインにはある。

　ここで各地の動きをいくつかみてみよう。いわき市にある「いわきワイナリー」は、障がい者の就労支援に取り組む福祉法人（認定NPO法人）が運営する農福連携型のワイナリーである。震災以前より障がい者の就労機会としてブドウ栽培とワイン醸造に着目しており、震災後に事業を本格化させた。2017年には行政や商工・観光事業者も参画して市内でワイン産業の育成を図る組織（いわきワイン推進協議会）を設立し、市民をはじめ地域内外の人びとによる応援組織（いわき夢ワインを育てる会）も合わさってまさに地域ぐるみで育むワイナリーとなっている。

　二本松市東和地区（旧東和町）の「ふくしま農家の夢ワイン」は、農家の有志によって2012年に設立された。原子力災害からの農業再生に向けて桑園の遊休地を活用して醸造用ブドウの栽培を広げ、特産品であるリンゴを使用したシードルも製造している。同地区はかねてより地域づくりや都市農村交流・グリーンツーリズムを積極的に展開してきた地域であり、ワインは地域づくりと交流を促進する素材として期待されている[3]。

　さらに福島第一原発から20キロメートル圏内に位置し、2017年4月に町内一部（避難解除準備区域及び居住制限区域）で避難指示が解除された双葉郡富岡町でもワインづくりの取り組みが始動している。避難解除前年に地元の農業者や会社経営者などの町内有志で「とみおかワイン葡萄栽培クラブ」（任意組織）を設立した。それに先立ち15年頃よりブドウ・ワインを避難解除後の地域再生の柱にしようと試験栽培を行ってき

た。今後は町内にブドウ栽培を広げていくとともに富岡駅付近にワイナリーを設置し、「ワイン・ツーリズム」を核とした復興ビジョンを描いている。

　このように、各地の取り組みは多様な展開をみせているが、ワインのもつ「和・輪を生み出す力」とそれによる地域再生や産業復興への期待が強く込められている点で共通している。

## 4. 郡山市における醸造用ブドウとワインの産地化

　ここからは、東北地方を代表する経済・商業都市のひとつである福島県郡山市にスポットライトを当ててワインづくりの展開を詳しくみていこう。

### （1）郡山市の地域概要

　福島県郡山市は県中央部に位置し、人口は33.2万人（2019年5月時点、郡山市統計情報より）、東北地方で仙台市に次ぐ経済・商業都市である。国道4号や高速道路のジャンクション（東北自動車道［南北方向］×磐越自動車道［東西方向］）、そして東北新幹線などの鉄道網による交通インフラが充実しており、首都圏・関東と東北各地を結ぶ交通・物流のハブ拠点を形成している。そのもとで食品スーパーや量販店などの商業をはじめ、化学工業や電気機械器具などの製造業、交通・運輸、建設・不動産、それらを支える金融業などが総合的に発展している。

　一方、郡山市は県を代表する農業地域でもある。稲作を基盤にキュウリ・トマト等の野菜やナシ等の果樹の栽培も盛んである。農業産出額約160億円（2016年）は県内では果樹の主産地を形成する福島市、伊達市に次いで3番目の規模である。また、養殖鯉等の内水面漁業も盛んである。

　このように郡山市には都市（経済・商業地域）と農村（農業地域）が併存しており、その交点として豊かな「食」が育まれてきた。数多くの食品企業・事業者が立地するだけでなく、鯉に代表される多様な食文化、郷土食が今に残っている。また「郡山美味しい街づくり推進協議会」や

ワイナリーの全景

ワイナリー併設のブドウ畑

醸造設備

商品の展示・販売コーナー

**写真5-1　ふくしま逢瀬ワイナリー**
資料：三菱商事復興支援財団提供。

「こおりやま食のブランド推進協議会」など、多様な主体が連携して「食の都・郡山」を盛り上げていこうとする気運も高まっている。

　一方で、近年とくに震災後における地域経済をめぐる状況は厳しいものがあり、農業においては産出額の低迷や担い手の高齢化と減少に直面している。そこでワインを核に農業と食品産業、そして市民・消費者をつなぐ地域フードシステムを強化していくことが期待されている。

### （2）ふくしま逢瀬ワイナリーの展開

　2015年の秋、郡山市逢瀬町にワイナリーが誕生した。三菱商事復興支援財団が福島県の農業再生を後押しするために立ち上げた「ふくしま逢瀬ワイナリー」である（写真5-1）。

　同財団は、東日本大震災発生から1年を契機に、2012年3月に設立された。これまで岩手、宮城、福島の3県において、被災した地場企業の

事業再建、大学生への奨学金の給付、復興支援に関わるNPO等への助成などの支援事業を展開してきた。とりわけ、原子力災害からの福島県の地域再生には息の長い支援が求められる。そこで同財団が注目したのがワインである。

　福島県の特産品である果物をワインによって付加価値を高めていく。こうした果樹農業の6次産業化をめざすワイナリー事業は、果物の生産から加工、販売までを一体的に運営する事業モデルであり、新たな農業の形になる。また、そこに農業者をはじめとするさまざまな事業者が関わり、集うことでブドウ・ワイン関連ビジネスが生まれていく。このような地域への広がりをもつワイナリーをめざし、福島県の中央部に位置する郡山市を舞台にして、市の農林行政や醸造用ブドウの栽培にチャレンジする農業者と連携しながら構想と準備を2014年頃から進めてきた。そして15年10月、果実酒（ワイン）、リキュール、ブランデーの製造免許を取得し、同市西部にある逢瀬町にワイナリーが完成した。

　竣工からしばらくは市産・県産のリンゴやモモを原料にシードルやワインを製造してきたが、2018年産からは市内の契約生産者が栽培した醸造用ブドウのワイン、すなわち郡山で育て郡山で醸したワインがデビューした。商品名は「ヴァン デ オラージュ（Vin de Ollage）」。「我が家」を意味する方言「おらげ」から着想し、「おらげのワイン」をイメージして名づけられた。しかしまだ原料供給量が少ない状況であり、生産基盤の強化が課題となっている。そこで以下では、同ワイン・プロジェクトの継続・発展に向けた課題を展望してみたい。

## （3）クラスターとしての産地形成

### 1）生産部門の拡大

　郡山市内には生食用ブドウの栽培に取り組む生産者はいるものの、栽培方法が大きく異なる醸造用ブドウについては技術とノウハウがなく、一からのスタートとなった。醸造用ブドウには、病虫害の管理に加え、糖度・熟度の見極めと収穫適期の判断など栽培をめぐる技術的課題は多い。そこで2016年4月、醸造用ブドウの栽培技術やワインの知識を学

び合うための生産者主体の組織として「郡山地域果実醸造研究会」が結成された。そこでは市農林部とワイナリーの協力のもと、栽培の専門家による現地研修会や先進地視察などが行われている。

2019年時点の研究会の会員数は13戸・経営体であり、栽培面積は全体で8ヘクタールまで広がっている。会員においては、生食用ブドウや水稲、施設園芸、キノコなどそれぞれの生産者が新規品目として醸造用ブドウを導入するかたちが一般的である。さらに数は少ないがワインに魅せられ新規就農した者も含まれている。2018年産ブドウの収穫量は計約7トン（6戸・経営体）であったが、植栽から4年が経過し、これから徐々に成園化するほ場も増えてくるなかで今後大きく拡大していくことが期待できる。

一方で今後、市内で醸造ブドウの生産が順調に拡大していくためには、ブドウ生産の収益性や経営面の課題を明らかにしていくことが重要である。現状では醸造用ブドウは生食用に比べ価格面において大きく劣る。そこでブドウ栽培においては、省力化と生産コストの削減を図るとともに、品目複合経営や6次産業化など醸造用ブドウ栽培の特質を踏まえた経営モデルの確立が求められている。

## 2）加工・流通部門の拡大

先述の通り、これまでの県産原料を用いた商品（ロゼワイン、シードル、各種リキュールなど）に郡山市産ワイン（赤・白・ロゼ）が加わったことで、現在約1万リットル程度の製造規模は徐々に拡大していくことが予想される。また、ブドウの搾りかすを原料とする蒸留酒（グラッパ）をはじめ多様なマーケットニーズに応える商品開発も重要となろう。これらを通して、ふくしま逢瀬ワイナリーの経営安定を図っていくことが加工部門における基本課題である。

さらに、将来的には市内でワインづくりを行う主体、すなわちワイナリーの経営体数が増えていくことも産業クラスターの観点からすると極めて重要な方向性である。山梨県や長野県、新潟県、宮城県などのワイン産地では、拠点ワイナリーで修行した弟子が近隣で小さなワイナリーを開業するというスキームに成功し、それが産地の競争力とブランド化

に貢献している。このようなスキームを郡山市でも構築していくことが中長期的なクラスター戦略と言えよう。

　また川下側へのアプローチとして、今後地元からの原料供給量の拡大に応じてワインの生産規模も拡大していくことが予想されるなかで、域内と域外・県外とのバランスをとった販売戦略をいかに築いていくかが大きな課題になると考えられる。とくに郡山市産ワインの域内販路を拡大していくことはクラスター形成において重要である。先にも触れたように、郡山市は「食の都」であり、数多くの魅力的な飲食店、ホテル・旅館、そして小売店が存在する。そこでは地元の農業や食材に強い関心と共感を示す料理人・シェフやバイヤーも少なくない。彼らは産地形成の重要なパートナーであり、交流と連携、協働の場・機会を積極的に増やしていくことも有意義である。

3）ふたつの産業集積と多様なネットワーク

　上記の内容を踏まえると、クラスターとしての産地形成に向けてはふたつの産業集積の視点があることがわかる。ひとつは同一産業内部の産業集積であり、生産部門であればブドウ生産者の増加、加工部門であればワイナリーの増加、流通部門であれば同市産ワインを扱う事業者の増加である。もうひとつは多様な産業主体の集積である。上記のフードシステム（生産⇔加工⇔流通・サービス⇔消費）の構成主体に加え、チーズやハムなどのワインに合う食品を扱う事業者、ガラス細工や漆器、陶器などの工芸、あるいは観光・交通事業者とのつながりもワインであれば魅力的であろう。このようなふたつの産業集積を図りながら、地域内の経済循環を高め、多様な産業にプラスの波及効果を生んでいくことが地域経済の視点からのめざすべき方向性である。

　一方、多様なネットワークは産業主体にとどめる必要はない。むしろ原料や製品の取引でつながるわけではない非経済的なネットワークにこそイノベーションと社会的創発のヒントが隠されているかもしれない。これは第4章で詳述した地域づくりのプラットフォームにおける「弱いつながり」の意義に関わる部分である。

　例えば、ふくしま逢瀬ワイナリーが立地する郡山市逢瀬町では、グ

リーンツーリズムを核とした地域づくりがこれまで積極的に展開されてきた。「キャベツ餅」[4] に代表される郷土食の発信に取り組む女性組織もある。こうした住民組織と連携することでより地域に根ざしたワイナリーの姿がみえてくるだろう。

　一方で、多様な主体が集うがゆえの難しさも忘れてはならない。そこでは、互いに信頼を深め、モチベーション維持・向上させるようなコミュニケーションと交流機会をどうデザインするかといったマネジメントの視点が欠かせない。中長期的な視点からワイン・クラスター形成のビジョンを構築するための協議会組織も必要になるだろう。そこで果たすべき行政や大学の役割は大きい。そこで最も大切になると考えられるのが「地域課題の共有」である。「なぜそれをするのか」、「何をめざすのか」、この部分の共有なくして持続的なクラスター形成は難しいと言える。

## 5.　ふくしまワインベルトの形成に向けて

　本章の最後に、県内のワイナリー同士をつなぐ広域連携の意義と課題について検討することで、「福島県におけるワイン産地の形成」に視野を広げてみよう。

　ワインの銘柄・ブランド認識における際立った特徴として、「地域」で分類して認識されやすい点があげられる。第3章で述べたように地域の範囲は多様に設定し得るが、少なくとも日本のワインにおいては都道府県毎にくくられ語られる（評価される）傾向が強い。したがって、福島県においても震災後に各地で始動するワイナリー同士をつなぐ広域連携とブランド戦略が不可欠となる。

　そこで、浜通り、中通り、会津、それぞれの風土に根ざした多彩なワイナリーを、横にベルトを通すようにつなげることで全体性と多様性が両立する「ふくしまワイン」のブランドが構築できるのではないか。これが「ふくしまワインベルト構想」である。この実行組織として、2018年に福島県内でワインに関わる主体が集う「福島ワイン広域連携協議会」が設立された。

　同協議会が設立に至った背景には上記のようなブランディングへの問題意識に加え、各地のワイナリーが有する足元の課題もある。栽培や醸造に関する知見・技術の獲得や人材育成・確保といった事柄は概ね共通して抱えている課題であるが、これらに対してワイナリー同士の連携によって課題解決を図る場が必要ではないかという声がきかれるようになった。

　このような考えに基づき、栽培から醸造を含めた知見と技術の共有・底上げ（人材育成）に関する協力、品質で評価される福島ワインのブランド化に向けて、県内のブドウ生産者やワイナリー、自治体や教育・研究機関などの産学官が連携して取り組んでいくことを目的に協議会がスタートした。

　ここで大切なことは、「ふくしまワイン」としての全体性と各ワイナリーの多様性の両軸を追及していくことであろう。全体の中に地域の個性を埋没させてはいけない。本来的にワイナリーが根ざすべき地域は人間の生活範囲としての地域である。その中でテロワール（地味）を追及していくことが重要である。テロワールはその土地に特徴づけられた味を意味するが、それは土壌や気象の条件に規定される理化学的な味だけを指すものではないと捉えたい。図5-4で描いたようなワインを核とした多様な地域連関によって、ワインを通して写し出す「地域の味」としてのテロワールを醸し出していくことが何よりも大切なのではないだろうか。そしてそれへの希望や喜びが震災・原子力災害によって多くのものを奪われ、苦しみ、悩み、立ち上がった人びとを惹きつけているのである。

**》注**

1)　福島県農業の概要や損害構造については次の文献を参照。小山良太・小松知未編『農の再生と食の安全─原発事故と福島の2年─』新日本出版社、2013年。
2)　守友裕一氏は「3つの損害」に加え、「自然循環の破壊による損害」、「自給の破壊による損害」を指摘している。自然生態系に寄り添った暮らしは、地域の文化であり、「豊かさ」の象徴であり、これらを奪った原子力災害の重大さを強調している。守友裕一・大谷尚之・神代英昭編『福島　農からの日本再生─内発的地域

づくりの展開─』農文協、2014 年。
3）二本松市東和地区（旧東和町）における震災後の地域づくりの展開については守友ほか編（同上）に詳しい。
4）キャベツ餅とは、福島県郡山市西部の郷土料理のひとつであり、油で炒めたキャベツを醤油やみりん、だしなどで味つけし、そこに餅を入れて絡めたものである。

本章は、下記の論文に加筆・修正を行い、再構成したものである。
則藤孝志「福島県におけるワイン産地の形成に向けた課題と方向」『商学論集』第88 巻第 3 号、2019 年

## 【学習のポイント】

[1] なぜいま国内で中小ワイナリーが急増しているのか。その理由をまとめてみよう。

[2] 地域に根ざした中小ワイナリーのビジネスモデルを調べてまとめてみよう。

[3] ワイン以外の酒（日本酒、ビール、焼酎など）をひとつ取り上げ、地域に根ざした取り組みについて調べてまとめてみよう。

## 【さらに学習を深めたい人へ】

[1] 濱田武士・小山良太・早尻正宏『福島に農林漁業をとり戻す』みすず書房、2015 年。
　　山・里・海をつなぐ「協同」に光を当てながら、原子力災害から生業（なりわい）としての農・林・漁業の再生を論じた必読の書。

[2] 玉村豊男『千曲川ワインバレー─新しい農業への視点─』集英社、2013 年。
　　作家や画家として活躍する玉村氏が長野県千曲川流域でワイン・クラスターの形成に取り組む実践の書。そこから見出されるこれからの農業やライフスタイルへの提言にも注目。

## ワイン・クラスターにおける大学の役割

　ワイン産地の形成に向けた課題はたくさんある。①醸造用ブドウ栽培技術の向上・普及と生産者の組織化、②原料取引の安定化と農業経営の改善、③ワイナリー経営と醸造技術者の確保・育成、④ワインのマーケティングと地域経営など。これらの課題解決に大きな役割を発揮すると期待されるのが大学である。ワイン・クラスターを形成するヨーロッパや米国のワイン銘醸地では、必ず大学が重要な役割を担っている。

　福島県をワイン銘醸地に育てるうえで、地元の国立大学である福島大学に農学系教育研究組織である食農学類が設置された意義は大きい（2019年4月開設）。同学類は、農学を総合的・実践的に学び、21世紀の食料・農林業・地域社会が直面する諸課題の解決に貢献できる知識・技能と応用能力を備えた人材を育成するために設立された。筆者も本学類の教員として、本章で取り上げた震災・原子力災害からの復興の歩みに貢献する研究と教育に日々情熱を注いでいる。

　ワインの産地化に向けては研究と教育の両面の使命があるだろう。まずは、同学類が有する4つの専門領域（コース）からの研究の推進である。＜農業生産学コース＞では、醸造用ブドウの栽培体系の構築をめざすとともに土地に適した品種の選定や改良などにも取り組むことが期待される。＜食品科学コース＞では、とりわけ中小規模のワイナリーに適応できる醸造技術の構築が求められるであろう。また、＜生産環境学コース＞では、気象観測データを活用した栽培環境の分析が中心的な課題としてあげられる。そして、＜農業経営学コース＞では、醸造用ブドウで再生産できるような農業経営モデルや6次産業化の観点からのワイナリービジネスについて研究されることが期待される。

　このような学術研究による貢献に加えて、学生・教員がともに地域に通って現場の人びとと一緒になって課題を考えていくことも大切だ。それを体現するべく「農学実践型教育プログラム」を構想している。同プログラムは、原子力災害からの地域再生、地域ブランドの確立をテーマとして地域と大学とが協働し、食と農の抱える課題の解決に向けて「学び合う場」である。このような地域に根ざした教育・研究を展開しながら、ワイン産地の形成を担う人材を輩出していきたい。

# 6 | 地域住民主体による 地域ブランド商品づくりの展開

中村貴子

　農村が農業生産活動の場としての役割のみから、自然や景観、人などを介した交流とそれらを資源とするコミュニティビジネスが行われる場としての役割も果たしてきた。これを農業・農村のもつ多面的機能と呼び、これらを活かした地域商品をブランド化する動きが各地で広がっている。本章ではこの背景の政策と地域活動の実践方法について学ぶこととする。

　**《キーワード》**　地域資源、ブランド化、多面的機能、老若男女、主体の変遷

## 1. 地域資源を活かした地域ブランド商品誕生の 政策的背景

### （1）国内情勢の変化と政策転換

　大きく転換したのは、1999年に制定された食料・農業・農村基本法以後である。それまでの本法律は農業基本法といい、戦後、社会経済が不安定ななか、農業の方向性を示すための法律、ひと言でいうならば農工間格差の是正[1] であった。しかし、国内情勢の変化、諸外国との関係性の変化、国際舞台での日本の果たすべき役割などに変化が生じる。

　特に、担い手の高齢化、農村の人口減少、農地面積の減少などの課題がみられ、それらを解決すべく、新たな政策体系として「国民は安全と安心を、農業者は自信と誇りを得ることができ、生産者と消費者、都市と農村の共生を可能とする[2]」ことを目標とする「食料・農業・農村基本法」が制定された。このことが、国内情勢の変化を受けて大きく変わった農政の転換点である。

## （2）諸外国との関係性の変化と政策転換

　諸外国との関係性の変化におけるキーワードは「貿易自由化」である。貿易自由化では、障壁になっていると考えられる関税や輸入数量に制限を設けてきた非関税障壁の撤廃など、既に存在する国際間での隔たりをできる限り無くそうとしている。農業分野では、農薬や肥料の使用基準、食品分野では、添加物や食品衛生基準なども非関税障壁となりうる。貿易自由化活動の歴史は古く、1947年には本件を話し合うための協定GATT（General Agreement on Tariffs and Trade）の設置が締結され、1948年に発足した。日本は1955年に加盟している。

　1986年から1994年、ウルグァイで開かれた第8回目の交渉（ウルグァイ・ラウンド：Uruguay round）で、GATTの枠内に収まらない新分野への合意や規律の新設の必要性が高まったことから、より多角的に自由貿易体制を推進することを目的として「世界貿易機構（WTO：World Trade Organization）」が1994年発行のWTO協定に基づき、1995年に設立された。以後、WTOが国際貿易自由化や貿易に関わる粉争の仲裁などを行っている。

　日本の農業分野にとっては、ガット・ウルグァイ・ラウンドでの交渉が転換点であり、農産物にも例外なき関税撤廃の交渉が適用され、WTO体制下では、非関税障壁の撤廃について議論が行われてきた。ちなみに、米については、1995年WTO発足時に当面の関税化は猶予されたが、その代わりに95年から40万トン、2000年には80万トンまで、最低輸入義務量（ミニマム・アクセス）の受入が義務づけられた。1999年からは関税化に切り替えたため、この義務はなくなったが、以後もミニマム・アクセス米として、約767千トン程度の輸入が続いている。

　もうひとつの政策転換を余儀なくされた時点は、諸外国との関係性の変化、国際舞台での日本の果たすべき役割について変わってきた時である。日本が行ってきた国際貿易交渉は、二国間で結ぶ自由貿易協定（FTA：Free Trade Agreement）[3]や経済連携協定（EPA：Economic Partnership Agreement）[4]に加えて、複数国の枠組みでも行われてきた。

そして、2016年2月環太平洋パートナーシップ協定（TPP：Trance-Pacific Partnership)[5] に日本は署名した。少なくとも、この枠組みで署名を行った11か国間の関係性はこれまでと変わる。物の往来だけでなく人の往来なども活発化され、日本各地の様相、需要のある商品、生活や文化なども少しずつ変わってくると推測される。その時、日本の農村はどうなるのか、農家はどうするのか、JAはどうするのか、そして消費者は何を選択するのか、各自が過去から学び、未来を見つめるしかないと思われる。

## 2. 地域ブランド商品誕生の農業経営論的背景

### (1) 地域ブランド商品誕生の背景

　先に記したように、グローバル化が進むほど、私たちの生活環境が変わることは容易に推測される。逆に、農村は長い時間をかけて「地域」を築き上げてきた。その農村にもグローバル化の波は直接的に押し寄せる。国内全域で、地域や人はグローバル化がもたらす変化に対応しつつも、自身の生活及び生活環境を維持するため、地域産業の維持が必要である。

　ところで、地域を構成する要素のすべてが、貨幣に交換される「資源」となりうるが、そのことを農村の人びとが認識できるようになったのは、グリーン・ツーリズムという都市農村交流の施策が各地で展開された頃である。結果、地域の資源を商品化、あるいは地域の特徴を示す商品づくりのビジネスが誕生する。その目的は地域産業おこしを行うと同時に、地域の名前を知らしめようとする地域のブランド化でもある。これらを「地域資源を活用した地域ブランドづくり」と呼んでよいだろう。以後、地域のブランド化と地域を意識した商品づくりを併せて地域ブランド商品と呼ぶ。

　地域ブランド商品をつくってきた人びとは、国際化に対峙する方法としてその道を選んだ、というよりは農村における過疎化・高齢化、農業担い手の減少といった農村の課題といわれる現象を覆す対策として実施したのである。

すなわち「地域活性化策」である。これを、客観的に評価すれば、地域ブランド商品づくりは、押し寄せる国際化の波への対策と、地域住民から待望される地域活性化策を兼ね備えた優秀な策ということになる。

## （2）地域ブランド商品誕生と政策的方策による足固め

　地域ブランド商品を創（つく）る目的のひとつには、地域を活性化したいという思いがある。では、活性化とは何であろうか。ひと言でいうのは難しい。活性化の目標は、自分たち自身で決めるしかないのである。これを自分の行動に当てはめて考える。その時々の年齢層に応じた数年後の自分をどんな姿にしたいか想像し、その自分になるための計画を立てることからまずは始めるだろう。地域活性化も同じである。現状分析から始め、将来像を描くことであり、そのための方策を計画することである。この一見当たり前ともいえることが可視化され、国の施策として全国的に展開をしてきたのが21世紀村づくり塾である。

　21世紀村づくり塾とは、1991年6月、中央機関として民間企業、農業団体などがメンバーとなって財団法人21世紀村づくり塾を誕生させ、各市町村に適したプランづくりを行うことを目的とした活動のことである。これらを実践するため、各都道府県にも農業農村活性化推進機構が設置された、地方自治体は農林水産省の農業構造改善事業に基づき、市町村単位を基本として進めた。推進された主な内容は都市と農村の交流、農村の活性化を目的に、さまざまなプランの企画・作成、調査や情報提供等である。さらに地域リーダー研修会やイベントの実施、農産物の販路拡大などの活動が行われた。

　実際には、集落単位で塾活動に取り組むところが多かった。民主的なリーダーシップをとるリーダー層によって、地域は活性化目標を掲げ、活性化方策を文字化し、その情報を地域住民が共有することから始まった。

　この時、「都市と農村の交流」が活動目的に含まれていたことが功を奏したと筆者は考えている。都市と農村の交流は、来訪する都市住民にとって価値あるものを有料で購入する機会であり、受け入れる農村住民

側はサービス提供の対価が得られる機会である。農村での交流が継続するためには、このようなビジネスの成立が重要なのである。それまで、著名な史跡名勝地がなければ、観光産業として成り立たない、と思われていたのが、ヨーロッパでの普通の農家の家が宿泊施設になる農家民宿や、農地を貸し出してそこで農作業する人を有料で受け入れるという市民農園など、海外では既に個人農家が農山漁村の資源を活かして、農業以外にも収入手段を確保する方策、いわゆる日本でいうグリーン・ツーリズムがヨーロッパでは先行している、ということを中央省庁も学び、そうした情報が全国の農山漁村住民へ徐々に提供されたのである。

　実際、自分たちが農業を通して栽培している米や野菜等は市場流通を通してだが、販売されている。その頃、家計を少しでも助けるため、また規格外品を活かすため農家女性が設置する無人販売所が全国的に広がりをみせていた。また昔は、行商で自身の生産物を販売するのは当たり前であった。ヒントは足元にもあったのである。都市から来た人に価値があるのは、その人にとって希少で、ここにしかない、すなわち地域特有のもの、自慢できる地域特産品である。農村まで足を運んでくださるお客さんに提供できる地域ブランド商品づくりの誕生期といえよう。

　現場へヒアリング調査に行くと、地域ブランド商品づくりのアイデアを出すのも、そのアイデアを具現化する担い手となるのも女性だったという声を聴くことが多い。報告書等にもよく見受けられる。したがって、計画づくりから女性が入ることは重要だと考えられる。

　また昨今、農村対策の助成金などを受ける際、スタート段階で「地域計画を立てること」が条件となっている。いわゆるPDCAサイクル[6]を行うことになっているのである。歴史的な積み重ねの経験により、地域づくりは少しずつ成熟してきているといえる。

## （3）地域ブランド商品と資源の概念

　資源とは、「生産活動のもとになる物質・水力・労働力などの総称（広辞苑第7版)」とある。したがって、資源は貨幣価値に換算されてこそ資源となりうるのである。手を加えずに、貨幣価値になる資源もあれば、

天然石の宝石のように原石を磨かなければ貨幣価値にはなりにくい資源もある。すなわち、資源に貨幣価値をもたらすためには、それらを見抜く目と、磨き上げる工程が必要になる。地域ブランド商品を創るためには資源になりうるものは何かを常に学び続ける研鑽が必要である。

また資源には、有形のものと無形のものがある。有形のものには1次産品と2次産品とがあるが、無形のものは第3次産業として消費者に届けられる。これらを組み合わせた経営を展開することは、付加価値型や多角的経営、垂直型統合などと呼ばれ盛んに研究された時代があった。この時、東京大学の農業経済学者であった今村奈良臣氏らが、第1次産業から第3次産業まで組み合わせたこれらの活動を「6次産業化」と呼ぶことを提唱した。

現在、2010年12月3日に「地域資源を活用した農林漁業者等による新事業の創出等及び地域の農林水産物の利用促進に関する法律」(通称：6次産業化・地産地消法) として6次産業化の施行推進法律は、交付された。6次産業化は用語としてだけでなく、国の経済政策、地域政策のひとつとして、法文化されたのである。これは画期的なことである。法文化されることで、全国の都道府県や市町村で推進計画が立てられる。国も地方自治体も予算化して推進する。すなわち、今後も継続的に6次産業化が進められるということになる。なお、国は6次産業化支援事業の2019年度予算概算決定額として1,434百万円としている。雇用の促進につなげる取組みを支援する方針のようである。

ところで、資源の有形物として最もわかりやすいのは、農畜水産物である。これらの付加価値[7] を高める取組として、直接販売を行ったり、加工・販売をしたり、レストランや学校給食などの食材として提供するケースがある。また、他にはない史跡や自然の滝や山、海など従来観光地としてつくり上げてきた場所等もある。

## （4）無形物資源の貨幣価値化

無形物とは、主にサービスである。地域に伝わる伝統的な音楽や踊りなどを紹介するケースもあるが、これらは元々その地域の人たちの間に

ある「コト」をさす。また収穫体験なども、収穫した「モノ」への対価ではなく、収穫する機会を与えてもらう「コト」への対価となるので、こうした取組みも無形物資源の貨幣価値化といえる。

　特に無形物資源を提供する上で、重要となる概念に「多面的機能」という概念がある。農業・農村の多面的機能とは、「農業・農村は、私たちが生きていくのに必要な米や野菜などの生産の場としての役割がある。しかし、それだけではなく、農村で農業が継続して行われることにより、私たちの生活に色々な『めぐみ』をもたらす。このめぐみを「農業・農村の有する多面的機能」と呼んでいる。」と農林水産省の解説にある。具体的には「国土の保全、水源の涵養（かんよう）、自然環境の保全、良好な景観の形成、文化の伝承、生物多様性、保健休養、体験学習と教育の場の提供等、農村で農業生産活動が行われることにより生ずる、食料その他の農産物供給の機能以外の多面にわたる機能」とある。多面的機能という言葉の誕生と概念の整理が行われたことで、これらの機能が一気に共有の価値となったのである。この多面的機能を保全することも6次産業化と同じく、法文化された。「農業の有する多面的機能の発揮の促進に関する法律」である。2014年6月20日交付、2015年4月1日より施行された。多面的機能支払で、これらの維持活動費を支援するための2019年度の国の予算概算決定額は、48,652百万円である。

　多面的機能が共有の価値となった大きな転換点は、2000年12月14日に農林水産大臣から日本学術会議会長に「地球環境・人間生活にかかわる農業及び森林の多面的な機能の評価について」が諮問されたことである。その全文は以下の通りである（表6-1）。

　このように、研究の成果は法文化されることにつながる場合もある。研究することがこのような目に見える形で社会に還元されることは、研究者冥利につきる。大学院で学ぶことの意義のひとつである。

　以上のことから「資源の活用方法」について締めくくると、過去、生活に根づいていたために貨幣価値として認められてこられなかったものを認めてもらうよう仕向けるには、まず地域住民の意識変革が必要である。有形物にせよ、無形物にせよ、資源を有料で提供するためには、人

表6-1　農林水産大臣から日本学術会議会長に諮問された内容

国土・自然環境の保全等の農業及び森林の多面的な機能は、国民生活及び国民経済の安定に重要な役割を果たしているが、外部経済効果として発揮されるものであることから、その価値を定量的に評価することは困難な面がある。農業及び森林の多面的な機能の定量的な評価については、農林水産省における試算やOECDなど国際機関における検討がなされているが、現時点では幅広い学術分野からの横断的な研究は少ない。学術的知見に基づく定量的な評価は、農業及び森林の有する真の価値について我が国のみならず国際社会における正しい理解と社会的な認知を得ることにもつながるものであり、その多面的な機能の発揮を確保することは、地球環境や人間生活の安定に資するものである。このような視点に立ち、特に定量的な評価を含めた手法や今後の調査研究の展開方向の在り方などを中心に、幅広い見地から「地球環境・人間生活にかかわる農業及び森林の多面的な機能の評価」について学術的な調査審議をしていただきたく、諮問する。

http://www.maff.go.jp/j/nousin/noukan/nougyo_kinou/pdf/shimon.pdf
資料：農林水産省ホームページ多面的機能諮問文

材育成と地域住民が協力する環境づくりが欠かせない。すなわち、自らが地域のリーダー層となって主体的に経営の転換を図るには、経営のノウハウを学ぶことが求められる。その時、活かせる機会は活かすことが重要で、国の助成金なども活用することは有用である。

# 3. 地域ブランド商品誕生の地域活性化論的考察

## （1）ブランド化と地域ブランド化とは

　ブランドの語源は、カウボーイが自分と他人の牛を区別するためにつけた焼き印といわれている。つまり、他と区別するための印である。ブランドの概念は、アメリカ・マーケティング協会によると、「個別の売り手もしくは売り手集団の財やサービスを識別させ、競合他社の財やサービスと区別するための名称、言葉、記号、シンボル、デザイン、あるいはそれらを組み合わせたもののこと」とされている。

　また、地域ブランドの実践を数多く研究してきた著者たちの解説を要約すると[8]、「地域ブランドに取組むグループ・機関のどれだけが地域資源を活用した新しい地域ブランド創りに成功しているのか、私たちはひとつの確信めいたものをもつに至った。それは「地域ブランド創りに

おいて絶対に成功する秘策という物は無い。」ということだ。地域によって目指したいビジョン（成功のイメージ）が異なるのだから、戦略は違ってくるはず。処方箋というものは恐らく存在しない。そのように考えた時、「ずっと続けていくことが"ほぼ成功だ"」というもうひとつの確信めいた結論に達した。」とある。確かに、ブランド商品と呼ばれるものには長く愛されるものがある。それこそ、経営トップが変わっても、世代が変わっても支持され続けるブランド商品がある。これを地域に置き換えて考えた時、支持され続ける「地域」がそこには必要ということになる。支持される要素は、時代とともに、また、住環境等生活環境の変化と地域産業の変化にともなっても見直す必要があるだろう。しかし、地域を構成する要素のうち、それがその地域たる理由という要素を省いてはならない。とりわけ農山漁村にとっての第1次産業はそれである。

　したがって、農山漁村の地域ブランドを確立するため、第1次産業の維持は目標のひとつであること、変わりゆく環境に即した戦略を新たに立て続けること、そして継続のためには潤滑油の資金が必要であり、その戦略がビジネスとして展開されていること、そのビジネスで提供される商品が、地域ブランド商品として長く愛され続けることが重要と考える。そのためには、前節で取り上げたPDCAサイクルが必要となる。

## （2）地域ブランド商品づくりと経営主体

### 1）地域特産品づくりと主体

　第1次産業に関わる地域ブランド商品づくりの担い手は、時代や社会背景と共に変化してきたといえる。地域名が冠する商品が最初に誕生したのは、「地域特産品づくり」ではないかと思われる。○○産の××というように、○○には都道府県や地域名が入って、××には、野菜や果物、魚などの農畜水産物の名称などが入る。この動きをリードしてきたのは一市町村一農協時代の農協であり、各自治体とも密に連携する体制がとられていた。現在は、農協も市町村も合併している。例えば一市町村に複数の農協という場合もあり、一心同体的に行政と農協が動けると

いう状況が崩れているところもある。

　地域特産品づくりが進む時代的背景には、減反政策があるとみる。すなわち減反面積分を活用する方策として、野菜や果実の栽培など米以外の特産品づくりが増えてくる。選択される1次産品づくりの誕生である。これが地域特産品となり、地域ブランドという概念に繋がったと考えられる。

　減反政策は農村社会に対し、じわじわとあらゆる変化をもたらした。現在、米の売買は自由であるが、戦後すぐは、戦中と同じく、一貫して、政府の管理下にあった（食糧管理法）。米の自給率が安定的に100％を超えるようになったのは1966年である（図6-1）。1960年にも100％を超えているが、この年はまれにみる大豊作であった[9]。また、1993年はまれにみる大凶作であった。

　一方で、米の収穫量（図6-2）の推移を見ると、自給率が100％を安定的に超えた1966年以降は生産量が劇的に増えている。この時の自給率を見ると1967年116％、1968年118％、1969年117％となっている。食糧管理法下では、政府が全量買い取り方式であった。そのため、生産環境などが良くなり収量が増えたことによる財政への圧迫は必至で、この時、備蓄保管料も膨れ上がったと推察できる。また、1966年と

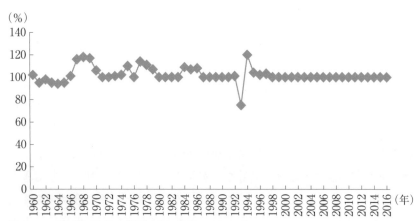

**図6-1　米の自給率の推移（カロリーベース）**
資料：農林水産省「食料需給表」より作成

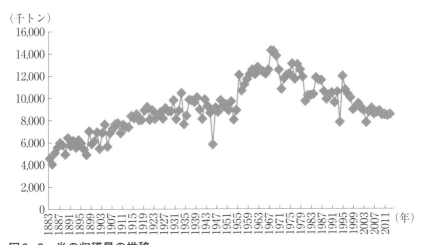

**図6-2　米の収穫量の推移**
資料：農林水産省『作物統計』

　1969年では、収穫量はあまり変わらないにもかかわらず、1966年の自給率が101%なのに対して、1969年は117%と大きく隔たっている。これは、分母である需要量が減ったためと考えられる。この頃から国内の経済成長がみられ、食生活にも変化が現れてきたことが想像できる。

　その後、生産面積に制約を設ける「減反政策」が1971年産から始まる。1971年の収穫量はさすがに減ったものの、翌年からは面積が減っても、単収を上げる努力がなされ、収穫量は減反前とほぼ変わらないぐらいとなった。1980年頃から再び少なくなっているが、その背景には、減反面積の割り当て量の増加がある。1995年まで、多少の変動はあったものの、重量単価の金額は一定であり、全量買い取りが基本であったため、米の収穫量が劇的に減少することはない。しかし、1995年以降、米の収穫量は劇的に減少している。米の売買の規制が大幅に緩和、2004年には改正食糧法が公布され、ほぼ自由化となった。その後、収穫量はさらに減少している。農家の高齢化とも合わせて考えると、何も対策を取らないままでは、水田の耕作放棄地はますます増えると考えられ、農業・農村のもつ多面的機能が失われる危機が増す。

2）地域のブランド化と主体

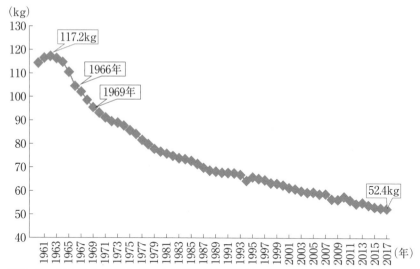

（kg）

**図6-3　米のひとり当たり1年間消費量（精米kg）**
資料：農林水産省『食料需給表』

　先にみてきたように、減反政策の展開にともなう水田利用形態の変化、特産品づくりの模索、農山漁村の人口減少、農工間格差を埋めなければならない等変わる国内情勢に対し、地域づくりに危機感が生じた。この頃、住民のまとめ役である自治体が地域づくりを牽引するリーダー層として活躍し始める。

　その象徴的な出来事として、1979年に平松守彦大分県知事（当時）の提唱による「一村一品運動」がある。大分県で始まった一村一品運動は、その名の通り、各地区で特産となる1次産品の指定、商品化を目指し、地区間競争を促すことで、内発発展的[10]に地域住民の主体性を掘り起こそうとするものである。その結果、焼酎、漬物、人形、菓子など固定的な特産品、さらには関アジや関サバ、豊後牛やカボスなどのブランド化に成功した。郵便局の「ふるさと小包」を産む原動力にもなったとされる。また、地域の独自的な産品だけでなく、栽培方法や流通構造、産地が生産から加工まで一貫したビジネスなど、新たなビジネス構造も産む。

　この頃の町村単位の地方自治体は、住民と一体的な地域経済の活性化

まで手掛けていたと筆者はみる。地方自治体が経済活動の主体という形態をとることは「公共性」という観点から困難であることから、自治体を組織に含んだ地域の農林漁業振興型の第三セクターが増えていった。1980年以降、その数は飛躍的に増えている。この第三セクターにおける産業おこしは、一般の食品企業方式で進められ、企画担当者が企画から加工技術のノウハウ取得までを行う、あるいは人材を補うことによって、商品化を実現した。この開発に成功した地域では、商品の取扱高はかなり高くなり、一躍その「地域名」を押し上げることになる。だが、一般地域住民の役割は、製造の担い手にはなったものの、商品開発における主体とはならなかった。

3）住民主体の地域ビジネス商品づくりのきっかけ

　一方で、先の「米余り、減反、村づくりの必要性」に、「高齢化（後継者不足）による担い手不足の危機」という事象が加わって、「集落営

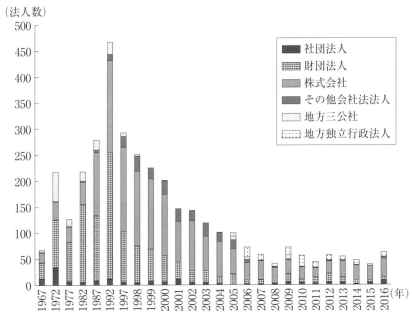

**図6-4　第三セクター等の年次別設立数**
資料：総務省

農」という水田の受委託の作業または経営により「地域の水田は地域で守る」ことを使命に経済的活動を行う組織が誕生する。集落営農組織である。

　組織をつくるということは、組織を維持するために経済活動が必要となる。そのため、これらの組織は作業の受委託だけでなく、地域資源を活用した経営を行い始めた。すなわち、自分たちで加工施設をたてて加工をしたり、直売所をたてて農産物を直接販売したりと、農業以外の経営活動も行うようになる。当時、村づくり政策の一環で、地域資源を活かす施設をつくることに対して、比較的率のいい補助制度「農業構造改善事業」があった。とはいえ、村で借金を背負うことになるケースも少なくなく、自分たちで出資をするなどの対応も必要となり、新しく経営手法や技術の習得も必要で、手間暇がかかった。同時に、個人でも大規模化を進める農業者が誕生する。個人であっても、地域住民である以上、地域とのつながりは大切にする。したがって、経営を維持する過程で集落営農組織と同様の行動になる。

　農協も社会の情勢変化に合わせて変わってくる。全国的に農業者と消費者をつなぐ取組みとして、農協経営の直売所が全国各地で展開される。この時、直売所の経営責任は農協がもつものの、企画運営については、直売所参加の組合員とともに考え、行動するようになる。直売所の運営については、どちらも未経験であることから、地域づくり塾の手法と同じように、リーダー層の話合い、目標の文字化、情報の共有による行動が行われ、近代農業ではそういった場に関わりが薄かった女性も参加する。

　そして、すべての住民主体による地域ブランド商品づくりでは、女性の存在が大きい。過去から学ぶ、という意味では、女性の参加は当然であるが、今後は、若者の参加率も上げていく必要があるだろう。これまで、幾度となく、農村における地域産業の危機があったが、皆が知恵を出し合い、実践し、研究され、明文化され、共有化されたからこそ、その危機を乗り越えられてきた。今後も知恵を出し合う機会を定期的にもっことが必要である。

## 》注

1) 生源寺真一『農政大改革　21世紀への提言』家の光協会、p.10

2) 農林水産省ホームページ「食料・農業・農村基本法のあらまし」
   http://www.maff.go.jp/j/kanbo/kihyo02/newblaw/panf.html

3) FTAとは、特定の国・地域内で原則10年以内に、輸出・輸入にかかる関税や、許可を行う際の厳しい基準や条件などを取り払うことを取り決めた協定。

4) EPAとは、FTAのような貿易自由化だけでなく、人の移動や投資の自由化、知的財産権の保護など幅広い分野のルールについて取り決めた協定。

5) TPPとは、締結国間（2019年3月現在11か国）で結んだEPAとも言える。

6) PDCAサイクルとは、Plan（計画）→ Do（実行）→ Check（評価）→ Action（再計画に向けた行動）を繰り返しながら、目標に向かうこと。

7) 生産過程で新たに付け加えた価値。生産額から原材料費などの中間投入物の額を控除したもので、人件費・利子・利潤・地代・家賃などに分配する（広辞苑第7版）ことである。

8) 東北経済産業局　株式会社リベルタス・コンサルティング　共著『地域ブランドの創り方―ずっと続けていくための実践ガイド』序章pp.6-10

9) 大内力・金沢夏樹・福武直編「日本の農業」財団法人東京大学出版会、1970年、p.54

10) 農山漁村の第1次産品を資源とする地域経済維持のための戦略を住民主体で考え、行動していく方法をいうことがある。これらの活動を学問的用語で表す時、「内発的発展論」という用語を使うことがある。この用語が使用された元々の意味合いは、「先進国の開発志向に対して、途上国が途上国独自の手法で開発の道を探る」ということであった。日本では、この世界規模の理論を日本国内の産業発展に援用し、国内での高度経済成長期の都市と農村の経済格差、社会格差を埋めるべく、農村地域への企業誘致という事象に援用された。その後、地域特産品づくりを活用するビジネス展開とむらづくりで立ち上がった自治体や住民が主導する、「地域主導型のビジネス」にも援用された。

## 【学習のポイント】

［1］　住民主体の地域ブランド商品を誕生させるためのポイントを洗い出してみよう。

［2］　住民主体の地域ブランド商品を地域活性化方策とするためのポイントを洗い出してみよう。

**【さらに学習を深めたい人へ】**

　地域ブランド化を積極的に行いたいと思っている地域は過疎化が進む地域でもある。地域ブランド化の目的のひとつには、移住者を増やすということがある。条件不利地域で努力されていることをさらに学ぶためのテキストを選んだ。

［1］谷口憲治編著『地域資源活用による農村振興　条件不利地域を中心に』農林統計出版、2014 年

［2］小田切徳美　橋口卓也編著『内発的農村発展論　理論と実践』農林統計出版、2018 年

［3］高橋信正編著『やっぱりおもろい！関西農業』昭和堂、2012 年

**ティータイム**

## スタンダード

　私は昔の農村社会に憧れている。その時代にいれば、文句を言っているかもしれないが。豊かな資源、助け合いのある暮らし、何もないからこそ皆で出し合う知恵などへの憧れなのである。自然と向き合う時間はたっぷりあった。そのため、山の神や田の神など、自然を神様とみたてて畏敬の念を持って暮らしていた。そういう暮らしに憧れる。

　しかし、現代でそんな暮らしをするには少し勇気がいる。地域活性化を進めることは、この勇気に似ている気がする。誰もが資源と認めないものに光をあて、貨幣価値に変えていくからだ。一人で進めると変わり者だと揶揄されスタンダードになるのには時間がかかる。けれども、何人かで実践できれば、さらに地域という単位で進められれば、大丈夫だろう。最初は、この地域は変わっている、と言われるかもしれない。けれども複数人でできることはより多くの人でできる可能性がある。複数人で取り組めることは、スタンダードになる可能性が高いと信じて突き進むしかないと思う。

　突き進むことができるかどうか、これが成功する地域とそうでない地域の別れめではないだろうか。

# 7 | 地域の発展における 農村女性起業の役割

中村貴子

農業の現場において、女性の役割は大きかった。一方、地域づくりの視点からの女性の活躍は歴史が浅い。歴史は浅くても農村女性の食に関わる地域産業ビジネスの起業、経営、技術者としての活躍には目を見張るものがある。女性だけで起業しているケースも少なくない。女性が地産地消を大切にする食ビジネスで活躍する実態と役割について学ぶ。

《キーワード》 女性起業、生活研究グループ、コミュニティビジネス、食品加工、地産地消

## 1. 農業における女性数の推移とその背景

### （1）農業の担い手として

　農業就業人口[1]の推移についてみると、長期間、女性の割合の方が高くなっていることがわかる（図7-1）。意外性があると思うかもしれないが、農業は健康であれば生涯現役で働くことができる仕事である。平均寿命の高い女性の方が多くなることは想像できる。また、戦後の農家では兼業化が進み、経済成長が著しい頃の青・壮年男性は、農外就業も行っていた。家にいる女性が農業の担い手として大きな役割を果たしたといえる。

　この女性の割合が減るのは、1970年の統計以降で、その理由は農業機械の登場にあるといってよいだろう。特に、水田農業が中心のわが国では、水田における機械化の影響は大きい。表7-1にあるように、水田農業での田植え、稲刈の時間が1970年から1975年の間で大きく減少している。さらに稲作では減反政策が始まり、農工間格差是正が目標に置かれた旧農業政策では、さらなる農業機械の発達と普及が行われた。そ

の結果、女性は徐々に農業以外の産業へ就業するようになったと考えられる。

## （2）農業就業人口と高齢化

　図7-1に戻って高齢化率の推移をみてみる。昔の高齢化率の基準であった60歳以上でみると、現在農業就業人口の80％近くが60歳以上ということになる。農業就業人口は減っているのに高齢化率がこれほど高いということは、悲観的な見方をされることが多いが、「農業は高齢者でも関われる仕事」という見方もできる。今後、60歳を超えても全員労働することが求められる時代になるといわれるなか、農業は有望な産業といえるだろう。ただし、60歳から始めたのでは慣れないため、すぐにリタイアするかもしれない。家庭菜園や市民農園などでもよいので、農と関われる環境を提供し、農と関わる人材を増やしておくことは、農業界にとって、今後の農業の担い手を考える上で重要である。

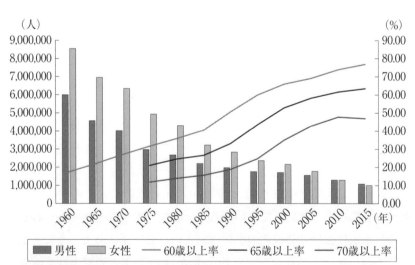

図7-1　家族経営における男女別農業就業人口と全体の高齢化率の推移
資料：農林水産省「農林業センサス」より作成
注）1985年以降の統計は全農家対象ではなく、販売農家対象

表7-1　コメ生産量の推移と労働時間からみた水稲生産技術構造の変化

| 年 | 1960 | 1965 | 1970 | 1975 | 1980 |
|---|---|---|---|---|---|
| 作付面積（万ha） | 312 | 312 | 284 | 272 | 235 |
| 収穫量（万t） | 1254 | 1218 | 1253 | 1308 | 969 |
| 単収（kg/10a） | 401 | 403 | 442 | 450 | 412 |
| 総労働時間（時間/10a） | 173.9 | 141.2 | 117.8 | 81.5 | 64.4 |
| 　耕耘・整地 | 17 | 14.4 | 11.4 | 9.2 | 8.1 |
| 　田植 | 26.5 | 24.3 | 23.2 | 12.2 | 8.4 |
| 　除草 | 27.7 | 17.4 | 13 | 8.4 | 5.9 |
| 　刈取・脱穀 | 57.4 | 47.9 | 35.5 | 21.8 | 14.7 |
| 動力運転時間（時間/10a） | 7.6 | 14.4 | 18.5 | 17.9 | 14.2 |
| 畜力使役時間（時間/10a） | 8.3 | 1.5 | 0.2 | 0 | 0 |

資料：農林水産省「米および麦類の生産費」より作成

## （3）今後の担い手を考える「人・農地プラン」

　昨今は、60歳代ならば体力的にも十分現役であるとされる。体力が少し衰えるといわれる70歳以上でみると、全農業就業人口の50%は超えないが、60歳以上に占める70歳以上の割合は61.1%である。つまり、60歳以上に支えられる日本の農業の担い手のうち、60%以上が10年〜15年以内にリタイアするということである。10年〜15年後に農業と関わってくれる人材を育成しておくことが重要だ。外国人労働者にもお世話にならないといけないが、国内でも人材確保の計画を立てておく必要がある。男性だけでなく、女性も以前から高齢になっても農業に携わっていたことからいえることは、男女に関係なく、高齢者も農業に関われるということだ。耕すことができなくなる水田が増えないよう、まずは地域で、農地の活用、人材の関わり方の計画を立てる必要性と、実行する体制づくりが求められる。

　こうした認識は既にもたれており、国は農業委員会[2]を中心として「人・農地プラン」という名前で、各市町村の計画づくりを推進している。また、各集落などもこの計画を具体的に進めるために計画を立てる

ことが求められている。この計画を実行するためには、求心力のある範囲程度での推進母体が組織される必要がある。もちろん、それが集落営農でもよいし、個人農家がリードする法人組織でもよい。しかし、誰が担うか、という点については、先でも考察した通り、男女の高齢者も必要であるし、農地という地域の資源を活かす方法を提案、実行する人材とが必要である。第6章でも考察したように女性は既に実績を上げており、期待できる存在といえる。その証拠に本計画を進めるためのポイントとしても、農林水産省では、推進計画を立てる際、3割は女性農業者を含むこととしている。

　机上の空論のプランづくりではなく、現実に照らし合わせること、また、思い切った地域資源を活かすアイデアと実行力によるビジネス展開を描くことができるような、継続性のあるプランをつくらなければならないだろう。

## 2. 地域ブランド商品づくりと女性の活躍

### （1）地域づくりと女性

　住民主体の地域づくりで女性の存在が大きいということは、既に歴史が証明している。第6章で示したように村づくり塾活動において、アイデアを出し、地域ブランド商品づくりにも一役買った存在として、女性参加の意義は大きかったと分析する報告書がいくつもある。それまで女性は、家族との関わりか、女性のみの社会的組織活動、例えば女性会やJA女性部等への参加ぐらいしか活動がなく、他家の男性と地域の未来について話し合う場に参加するなど想像もしなかっただろう。また、少人数で話し合う村づくり塾の場は発言もしやすく、それまで「何かの役に立ちたい」と思っていた女性の心が動いたと思われる。

　女性が起業する動機は、社会貢献をきっかけとする回答が男性と比して高いのが特徴である[3]。村づくり塾の活動は、女性の社会参画を促し、ビジネスを誕生させるきっかけもつくったのである。

## （2）人・農地プランと女性

　「21世紀村づくり塾」と「人・農地プラン」は、推進部署も違えば目標としていることも違うので、まったく別物という人もいるかもしれないが、農村住民の視点からみれば「資源を眠らせない」という点で同じであるといえる。目標達成のためにどうしたらよいか話し合ってプランを立てることから始めるという点でも同じである。対象とする資源も同じなのであるから、似たようなアイデアが出るのは当たり前だと思われる。時代に即して「21世紀村づくり塾」から「人・農地プラン」になっているとみることもできる。だが、村づくり塾と人・農地プランの大きな違いは「農地」という土地の利用計画を行うかどうかという点である。経営にとって、土地は最も大事な要素である。農地は資産だからである。

　農地は農業委員会によって、一定ルールに基づいて、乱開発されないよう維持されてきた。この農業委員会のメンバーは、以前、ほとんどが男性という構成であった。農地の名義は男性名が多いことも無関係ではないだろう。しかし、現在では女性農業委員を増やすことが求められており、実際に女性の農業委員は増えている。法改正施行後に農業委員の任命が行われた農業委員会における女性農業委員は2,149人で全体の11.8％を占めている。11.8%という数字だけをみれば低いと思うかもしれないが、過去のほぼ男性、というところからすれば10%を超えたことはかなりの改善である。影響力も大きくなる。なお、全国の農業委員会組織において女性を農業委員に採用している組織は80.9%である。高いと喜ぶのではなく、当たり前の100%を目指してほしいところである。（女性農業委員に関する数字は、2019年5月17日農林水産省経営局就農女性課調べの報告書による。）

## （3）農村女性起業の誕生

　農村における食に関わるビジネスを展開をする女性は増えている。農村女性は1948年より国の主導で結成された「生活改善実行グループ」の一員として組織化されたり、JAにおける女性部が組織化されたりと

女性だけによる地域活動組織は社会的に展開されてきた。これらの組織は、全国的に展開している。その活動は、農業の大型機械化が進むなか、女性農業従事者の割合が減ってくる1970年代頃に一層の社会的意義をもち始めたと考えられる。すなわち、食べ物を生産している農家でさえも自給が減っていることや家族の健康問題、食に対する安全等、危惧することが増え始めた。生活改善実行グループの学習は「生活研究」と称され、「保存食作り」「加工食品作り」等を通じて、自らの生活改善、健康管理、農産物の自給等を考える「農産物自給運動」が取組まれるようになった。これが農村女性起業のルーツだと根岸（2000）は指摘している。（以下、農村女性起業は、女性起業と記す。）

　これらの生活改善実行グループの活動に加えて、一般住民が地域のための商品開発に、主体的に関わるようになったのは、農村女性が村づくりに関わったことの影響も大きいと筆者はみている。女性起業は、1980年代後半頃からは、農村における女性の地位向上を目指すことを背景に、また、地域特産品が活発に栽培されるなかで、それらの余剰農産物を家庭で調理するためのレシピ集を作成したり、料理講習会が開催されたり、あるいは、伝統的な味を残そうという動きが広がった。

　ここで本文における「女性起業」の定義について示しておく。農林水産省が「女性起業」の調査を実施する際には「農村女性における起業活動」として、「農村等に在住している女性が中心となって行う、地域産物を利用した農林漁業関連の女性の収入につながる経済活動（無償ボランティアは除く）であり、女性が主たる経営を担っている個別（単独）または、グループ（複数）の経営形態であるもの、また、「法人形態」とは、法人化して起業活動を行っている者を指す」と定義されている。本文でもこの定義に準じるものを取り上げることとするが、地域組織との関わりから、組織としてのリーダーは必ずしも女性とは限らないものもあることを断っておく。

## （4）ビジネスの担い手としての女性の歴史

　地域づくり活動を維持するため、また、家庭で消費しきれない分を地

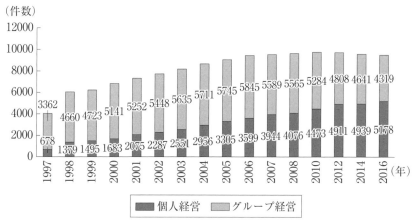

**図7-2　女性起業数の推移（個人経営及びグループ経営）**
資料：農林水産省経営局就農・女性課調べ

元の産業祭などのイベントで販売したこと等をきっかけに、女性起業は小さなビジネス展開へつながった。こうした女性起業の活動が注目され、全国各地でも同様の広がりがみられる。なかには経営センスのあるリーダーの元、1億円を超える売り上げをみせる女性だけから成る起業も誕生する。

　図7-2は農林水産省が実態調査を続けている女性起業数の推移である。この女性起業数の推移をみると、全体の数字は2010年まで伸びている。しかし、内容をみると、2007年からグループ経営が減少している。先に記した「生活改善実行グループ」は、後に「生活研究グループ」という名前になったが、本活動を各地域で支えてきたのが「生活改良普及員」という資格をもった各都道府県職員である。国は2005年に本制度を改正し、各都道府県への配分予算の削減と農業改良普及員と生活改良普及員そして、それぞれに配置されていた専門指導員を廃止し、すべてをひとつの呼称の「普及指導員」にすると決めた。各都道府県では、国の変革方針を受けて、人員を縮小せざるを得ず、都道府県によっては女性の活動を支えてきた生活改良普及員の役割を廃止、縮小している。このことと、2007年頃からグループ経営が少なくなってきていることとは無関係ではないだろう。支え、応援する人、そして仲間同士の

交流があってこそ、皆頑張ってこられたという歴史がある。加えて、本制度が始まって約60年が経ち、高齢化と農村の人口減少が進んだ。女性起業では第3世代への世代交代がうまくいかず、解散するグループもあり、そのことも原因のひとつである。

　その一方で、個人経営は伸びている。これまでの女性起業の活躍や全国的な直売所の展開により販売できる場が増加したという背景が大きいといえる。社会的刺激を受けた個人の女性が起業し始めたと考えられる。したがって、それまでの女性グループの起業活動は女性の生き方に影響を与えたといえ、個人の女性起業を促し、結果、地域活性化の視点からも大きな意義をもたらしたといえるだろう。

## （5）女性活躍の場の広がり

　家族経営での農業関連ビジネスや集落営農での農業関連ビジネスの展開等、地域内1次産品を活用した多様なビジネススタイルが全国各地で展開されるようになる。これらの活動は、同時期の1980年代頃から始まった「地産地消」の動きとも相まっている。自治体を始め、教育界、農業界、食品産業界などでの地産地消の利活用も多くなり、「地域ブランド商品」が数多く誕生するきっかけとなった。なお、地産地消という言葉の定義は、「地域でとれたものを地域で消費すること」という位で、詳細な定義はない。また、その定義を超えて、消費は地域内でないこともある。地産地消にとって大切なのは、地域内産の原材料を用いて、誰がどのようにつくったかを意識できる商品だということである。

　今後、これらの動きがどのように展開するかは、時代の変化とも関連するため、推測は難しいが、ある程度のことは予測できる。まずは、法人が増えるだろう。なぜなら、公的支援を受けようと思えば、一定規模の法人でなくては難しくなるようだからである。このことは、農業者や農村住民を支援してきた普及指導員の2018年度の重点課題の内容をみればわかる[4]。例えば、地域ブランド商品づくり、つまり6次産業化を行うために公的支援を受けようと思うと、国の法律に基づいて認定される対象でなければならない。そこには法人である必要性は明記されてい

ないが、6次産業化支援を受けられることを指定された事業計画をみると、多くの女性起業とは経営規模が桁違いの法人が多い。また、女性が主体の事業者は少ない。にもかかわらず、6次産業化の事例集には、女性起業の事例が多数掲載されている。矛盾しているといわざるを得ない。6次産業化法が誕生した当初から、女性起業はこの法律による助成の恩恵とどのように関わっていけるのか、ということが問われていた。6次産業化支援の内容について、女性起業の実情にも合った小さな枠組みでの補助制度が創設されると、女性起業は普及指導をより一層受けることができるだろう。

## 3. 食に関わるコミュニティビジネスの広がりと女性起業

### （1）食に関わるコミュニティビジネスの誕生背景

　食に関わるビジネスが農山漁村で展開し始めたのは、1980年代後半くらいからである。この時、味噌やこんにゃく作りなど、伝統的な味を再現し、ビジネスとする動きが広まった。この伝統食を残す思いに至った背景には、農文協出版の「○○（○○には各都道府県が入る）の食事」という本の編纂がきっかけだったと現場でよく聞く。本書は、各都道府県で伝えられてきた伝統食の聞き書きである。食の内容や作り方だけでなく、食材となる1次産品の情報も掲載されている記録書である。生活改良普及員が中心となって、地域女性のリーダー層や大学教員もメンバーに加わった。他にも同時期に始まった先の21世紀村づくり塾活動や集落営農事業への参画などが起業のきっかけになったと聞く。つまり、1980年代後半から地域を見つめ直す動きがあちらこちらで現れたのである。国の四全総の方針でもあったかもしれないし、地域の歴史が廃れる、あるいは地域産業が衰退するという自らの危機感からだったかもしれない。

　また、同時期に「地産地消」という言葉が支持されるようになったことも大きいだろう。現在の定説では、地産地消という言葉はどこが、また誰が使い出したのかまではわからないが、農林水産省の1981年度協

同農業普及事業年次報告書に登場する生活改善普及事業の「地域内食生活向上対策事業」の本文で「地域内で生産される食料の地域内消費を図ることにより、地域の特性を活かした豊かな食生活を築くとともに農村住民の健康の増進を図ることを目的として8府県で事業を実施した」と地産地消がモデル的に取り組まれていたことが示されている[5]。本報告で興味深いのは、生活改善事業実験項目の例に示された食に関する内容で、1980年の報告書では、①規格外農産物の冷凍による保存加工と日常献立の活用に関する実験、②夏期農繁期における食事対策に関する実験、③自給度による食生活の変化とその形成要因に関する実験であり、その直前まで同じような内容であったのに対して、1981年は、①農村地域の加工施設活用による地域食生活の向上に関する実験、②転作作物の有効利用と農家食生活の自給向上に関する実験、③地域特産物の調理加工技術の確立に関する実験となっている。ちなみに、1982年は、規格外農産物の加工や大豆加工品の自給向上、伝統的地域生産物の利活用など以後も数年間は同じような内容である。家庭内での食生活向上の観点から、地域との関わりをもつ食生活向上、加えてコミュニティービジネスの萌芽といってもよい内容に課題研究の視点が変化している。つまり、1981年から方針が転換されているということだ。この背景を調べてみると、1980年の農政審議会答申で「80年代の農政の基本方向」が出されており、米の価格政策の転換時点であった。その時「価格政策においては兼業度の高い農家も含めた全ての農家ではなく、中核農家を中心に考えるべきであろう。」と選別政策的な方向を示した[6]とされている。生活改良普及員の課題研究事例テーマは、この米政策の変化に、敏感に対応したものと思われる。つまり、急速に変わる農村社会の変化に、農村女性もその一翼を担って活躍するよう方針が出されていたことがわかる。このように国の農業関連の政策方針は、地域の生活まで浸透していたことがわかる。普及員制度という世界でも稀な仕組みが日本にはあるからだろう。女性がつくり上げてきた地域ビジネスが継続されるための支援の政策展開が引き続きあることを願う。ビジネスを継続するには、経営の知識とビジネスを担う人づくりが必要である。組織は人が

つくる。この人を育てる仕組みを失わせてはいけない。

### （2）食育と農林漁業ビジネス

　一般的に、農政で新たに展開した事柄を現す言葉が社会に浸透するには時間がかかる。地産地消という用語も同じではあるが、一時期から一気に広がった感がある。このように地産地消の用語が定着したのは、学校教育、学校給食に取り入れられたことが大きい。地産地消の言葉の広がりとともに、学校給食の食材として地元農産物が注目されるようになる。

　2005年4月には栄養教諭が設置される。同年6月には食育基本法が制定され、2008年1月には中央教育審議会が学校給食の目的について、従来の「栄養改善」から「食育」への転換を目的とすることを答申し、2009年6月には学校給食法も改正された[7]。

　全国のなかで、どこが初めに意識的にシステムとして行ったかということはわからないが、愛媛県今治市では1981年から地産地消の学校給食が始まっていると記されているし[8]、京都府内で早いうちから始めているところでは、1989年から始まっていることを確認している。1980年代に芽生えたといってもよいだろう。京都府の事例では、農家グループが直接、学校給食施設に運んでいる。それほど人数が多くない学校では、年間供給総売上が200万円にも満たない場合もあるが、それでも子どもたちが美味しいといって食べてくれることを励みに、特別栽培などの農産物を提供するケースが多い。

　地産地消学校給食の優良事例のひとつとして映像にもなっている福井県小浜市は、2000年に「食のまちづくり」を宣言し、2001年には条例化も図り、食を核とする地域振興を行った。生涯にわたる食育の機会の確保を規定し、「生涯食育」を提唱している。そのなかでも特に幼児期から小中学生までの年代は食育の重要な時期と位置づけられ[9]、その柱に学校給食がある。学校給食の校区内生産、校区内の農家が学校給食用の野菜作りをするという仕組みが始まった。ある小学校区では、学校給食に野菜を提供するために朝市が始まる。朝市を始めることで、野菜の

種類や量が増やせる。そうすることで、給食用の生産基盤が整ううえ、余剰作物の販路ができれば学校が長期休暇に入っても生産を縮小しないで済む、と考えたからだそうである[10]。地域の大人が子どもたちのために頑張ることで、子どもによい刺激となり、食による人づくりがなされていると考えられる。

## （3）食品加工等の女性起業

　2016年度農村女性による起業活動実態調査結果において、取組んでいる内容が報告されている。食品加工が70.7％と最も多く、次いで直売所などの流通・販売に関する取組みが69.1％、体験農園、農家民宿などの都市との交流が30.5％となっている。なお、特筆すべきは、都市との交流に関する取組みのうち、農家民宿が1,019件と前回調査に比べ3倍に大きく増加していることである。この増え方は、今後の農村の姿を予見しているといってよいだろう。本結果からもわかるように、女性が中心となって展開する農村の食関連ビジネスには、食品加工と農家レストランが多い。

　言うまでもなく、農山漁村では食材となる1次産品が資源となるからである。資源はただあるだけでは資源ではない、その資源を活かして貨幣価値に変えてこそ本当の意味での資源になる。一過性の資源の販売では、地域は変わらない。地域資源を活かした地域ビジネスが継続されてこそ地域は変わる。地域が変わるということは、人が変わることであり、人が変われば、仕組みも変わる。仕組みが変わって、継続されれば地域経済循環の歯車は回り続けるだろう。

　食品加工のきっかけは、余剰産物の有効活用から始まることが多い。当初は余剰産物のみでビジネスを始めることができるが、継続のためには、余剰産物だけでは難しい。余剰産物はひとつのきっかけに過ぎないのである。遠方の都市部に販売することばかりを戦略としていた第1次産品は、近くの食品加工を展開する経営者に販売することも戦略のひとつにできる。この時、多くの場合、規格に応じた選別の省力化が可能となっているようである。まったくの無選別、という訳にはいかないが、

昨今、生産段階で消費者向けの袋詰めなどの作業も行っていることを考えれば、省力化だけでなく、ごみの減量化にも寄与しているといえる。農産物の販売経営は、ひとつの流通だけに絞るよりもリスク分散の観点から複数の流通先をもつ方がよい。また、規格外品が貨幣価値に変わるのであれば、経営力向上にもつながり、生産者のメリットは大きい。一方、食品加工が地域内で展開されるということは、地域住民にとっては就業の機会になる。

### （4）地産地消ビジネスの継続

　継続するための商品づくりができるかは難しい課題である。こうした事業形態が始まった頃は、地元産原材料を使用した手作り品、ということが価値となった。しかし、こうした取組みに焦点が当たり、同じような取組みをする食品加工事業者が増えれば、事業者間の競争に陥りやすい。また、販売される場所によって、競争相手も変わる。したがって、地元産原材料の使用は共通であっても、どこで売るか、誰に売るかで商品の荷姿も、内容の変化も時には必要になる。もしくは、突出した追随できない商品づくりを極めるかである。したがって、食品加工を展開する企業体は、常に商品づくりの研究と試行が必要なのである。

　また、加工食品には、賞味期限と消費期限の表示義務があり、表示内容が異なる両者の販売戦略はまったく異なる。賞味期限の長いものは、販売エリアも広域化することができるため、商品の魅力向上と知的財産管理に注意を払わなければならない。営業者も配置しなければならない。商品化までに多くの人の手を借りること、すなわち外部とのネットワークをもつ経営形態が必要である。一方、消費期限がつけられる加工食品については、新たな商品づくりをするにも、安定した食品加工を進めるためにも、組織のチームワークが重要となる。どちらの場合でも、継続している食品加工を展開する女性起業をみると、定番の物と新商品の物が常にあり、新商品のうちから定番化するものが多いという特徴がある。

　また、若い後継者を迎え入れる場合には、一般企業並みの給与や社会

保障がある上に、若者にとって魅力ある商品づくり、昨今であれば、若者の関心が高いパンやジェラートなどの部門を立ち上げることや、商品企画から参加できるなどの条件整備づくりも重要なようである。

　調理と盛りつけで特徴を出す農家レストランは、近年、人気が上がってきている。雑誌で特集記事などが組まれることもある。あえて農家レストランとはいわなくても、農山村の風景に溶け込んだレストランも多い。最近はカフェタイプも増えてきている。

　レストラン経営の難しいところは、客数を読みながら準備を進めることである。最初のうちは、もったいない、せっかく作ったのにと思っても、出せなかったものを捨てることが必要となる。また、客数に合わせて出せるように、冷凍保存や真空パック保存など、加工技術も駆使しなければならない。こちらも消費期限をつける食品加工と同じくチームワークが重要である。使える食材によってメニューを変える応用力と決定力も必要である。また、食材は複数人の農家や他の事業者から購入しなければならないため、複数の提供先との信頼関係が重要である。そして、何より販売場所を変えることはできないため、多くの人に訪れてもらえるよう、PRが必要となる。大きな企業のように広告宣伝費をかけて宣伝できないことから、話題性による取材を受けることや自治体行政の観光事業とのタイアップなどが必要となろう。食材・調味料の調達やPRの点では社外とのネットワークが重要である。

### （5）法人経営と女性

　今後、法人経営が増えそうである理由は先に記した。法人経営において、経営者層に女性が関与することが望ましいという調査結果がある。図7-3である。法人経営においては、女性が関与する方が、経常利益増加率が高まっていることを示している。女性が経営の中枢に参画することは組織体の経営安定にもつながる可能性が高いことを示している。経常利益率とは、売上高に対する経常利益（本業、副業を合わせた利益）率のことであり、女性が関与する組織で多角的な経営を行っている、あるいはコスト削減に成功している団体が多いということである。

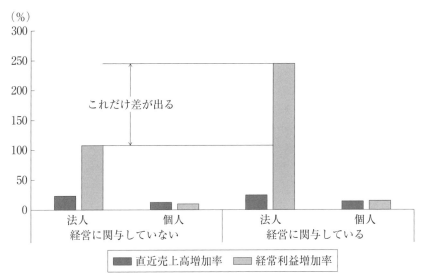

**図7-3　女性の農業経営体の経営への関与別3年間の売上高増加率及び経常
利益増加率**
資料：日本政策金融公庫農林水産事業本部調べ（2016年9月15日公表）よ
り作成

　農業経営体の経営への女性の関与については、53.8％と半数以上の経
営体で関与していることが図7-3と同じ報告書内で報告されている。こ
のことは、農業経済の未来に明るい話題ではあるが、残りの46.2％でも
関与してもらえればもっと明るい未来になるだろう。女性が経営に関与
していない法人には、生産を中心とする農業法人が多いのではないかと
推察する。昨今、集落営農のオペレーター部門でも女性が活躍する地域
が現れている。背景には、地域の人手不足など地域課題がきっかけで
あったとしても、女性が加わることでオペレーターとしての仕事だけで
なく、農業体験のビジネス化や新加工食品づくりへの着手など、新たな
転作作物づくりなど、次々と新たなビジネス部門にチャレンジする姿が
見られる。女性が経営に関わることで経常利益増加率が高くなる、とい
うことは現場に学べば実感するのである。

## 》注

1) 農業就業人口とは、15歳以上の農家世帯員のうち、調査期日前1年間に農業の
   みに従事した者、または農業と兼業の双方に従事したが、農業の従事日数の方が
   多い者をいう。

2) 農業委員は、①農地法等の許認可事務、②農地等の利用の最適化の推進、③法
   人化等の農業経営の合理化、④農業に関する調査及び情報提供、⑤関係行政機関
   等に対する意見の提出を行っている（全国農業会議所HPより）。平成28年4月
   の法改正によって約半数となり、新たに農地利用最適化推進委員ができた。

3) 日本政策金融公庫総合研究所調べ（2006新規開業実態調査）においての創業
   の動機について、動機というものは各々なので数字としては低いが、「社会の役
   に立ちたかったから」の回答に、男性10.3%（4位）に対して女性は16.2%（2位）
   と高くなっている。ちなみに女性の1位は、仕事の経験、知識や資格を生かした
   かった、で18.9%、男性の1位は、自分の技術やアイデアを事業化したかった、
   で32.1%であった。

4) 農林水産省HP「協働農業普及事業をめぐる情勢　平成30年10月」
   http://www.maff.go.jp/j/seisan/gizyutu/hukyu/h_about/attach/pdf/index-14.
   pdf（2019年3月））

5) 伊東維年「地産地消に対する農協の基本方針と農協の農産物直売所の実態」熊
   本学園大学付属産業経営研究所『産業経営研究』(28)、2009年3月、p.1

6) 岸康彦「新基本法農政の10年」日本農業研究所研究報告『農業研究』(22)、
   2009年、p.114

7) 内藤重行・佐藤信編著『学校給食における地産地消と食育効果』筑波書房、
   2009年、p.17

8) 安井孝『地産地消と学校給食　有機農業と食育のまちづくり』コモンズ、
   2010年、p.9

9) 佐藤由美『食のまちづくり　小浜発　おいしい地域力』学芸出版社、2010年、
   pp.45-46

10) 9）と同書、p.94

## 学習のポイント

[1] 農村女性の役割が国の政策展開によって変化してきたことを調べて
   整理しておこう。

[2] 食品加工を賞味期限が付されているもの、消費期限が付されている
   もの毎にそのマーケティングにとって重要な視点を述べよ。

## 【さらに学習を深めたい人へ】

　女性起業の転換期が綴られている書籍をあげる。[3]の佐藤由美氏の書籍はひとつの事例を深く取材しての書籍のため、経営（地域おこし）のヒントが多数隠れている。

[1] 澤野久美『社会的企業をめざす農村女性たち　地域の担い手としての農村女性起業』筑波書房、2012年

[2] 佐藤一子・千葉悦子・宮城道子編著『戦後史、現代、そして世界＜食といのち＞をひらく女性たち』農文協、2018年

[3] 佐藤由美『食のまちづくり　小浜発！おいしい地域力』学芸出版社、2010年

**ティータイム**

### ほどほどにいい塩梅

　地域づくりにおける女性の存在感は大きい。なぜ、存在感が大きいのかを考えてみたところ、女性は男性に比べて、「猪突猛進」的な人が多いからだと思っている。時折、「（話している）人の話をきいているか！？」と思ってしまいたくなる会話がある。実は、自分も他人からみればそうである。しかし、それぐらい、前だけを向いて進まなければ、経営に立ちはだかる壁は乗り越えられない。また、そんな女性たちをまとめていこうと思うと、いい加減ではダメだが、真正面から向き合ってばかりでもダメなのである。これはかなり難しい感覚である。女性起業グループリーダーにしかできない技だと思う。ほどほどにいい塩梅、いい意味での適当さが地域づくりのグループリーダーには必要だ。お天道さんを相手に怒らないおおらかさが農業関連ビジネスには必要なのだろう。

# 8 | 女性起業の展開と役割
## （ケーススタディ）

中村貴子

　ここではふたつのケースを通して、農業と女性、そして地域の活性
化が絡む構造について、経営的視点からみることを学ぼう。良好な家
族関係、良好な働く仲間づくりは、地域の活性化につながる。プラ
ス、コスト計算をしながら、好奇心の目と自分が欲しいと思うような
こだわりの商品づくりをすることもポイントとなる。
　**《キーワード》**　好奇心、行動力、家族、仲間、こだわりの商品づくり

## 1. 個人農家による女性起業の事例
## 「滋賀県東近江市『池田牧場』」

　個人女性が家族を動かし、地域を動かし、滋賀県を動かし、地産地消
の仕事人として全国も動かしている池田喜久子氏の半生から女性起業を
学ぶ。

### （1）地域概要

　池田牧場がある東近江市は、琵琶湖の東岸中央あたりに位置し、人口
約11万4千人（2019年2月現在）、農業経営体数は3,181経営体（2015年
農業センサス調べ）、耕地面積8,470haのうち8,170haが水田の耕地面積で
あるが、野菜産出額は201千万円で、滋賀県内では1位である。

### （2）池田牧場の概要

　池田牧場の場所は最寄りの公共交通機関としては国道421号を走るバ
スのみで、車では八日市ICから20分ほどと、決して交通の便はよくな
いが、年間約13万人が訪れる。搾りたての牛乳を使ったジェラート工

房「香想」と地元の食材を使った農家レストラン「香想庵」、そして隣接するキャンプ場「あいきょうの森」の経営をしている。

注）現在は、娘夫婦に経営を移譲している。

## （3）生い立ちからみる池田喜久子氏の人物像

　池田喜久子氏は、昭和24年、現在の隣接集落の農家出身で、5人兄弟の末子として育った。両親共に働き者で、特に父親は農協の組合長や議員をし、地域の為にもよく働いた人物であった。その父から「知識を身に付けろ、空っぽなところからアイデアは生まれない」という言葉をよく聞いて育ったと喜久子氏は語る。喜久子氏は、大変好奇心旺盛な人物であると自己分析しているが、この父の言葉が影響しているのかもしれない。

　高校は商業高校で、高校卒業後は金融機関に勤めた。この時の経験が、経営の数字に強くなった要因だと思われる。この勤務時代に、朝早くから夜遅くまで会社で務め、子どもの誕生日にも夜遅くにしか帰れない同僚男性社員の姿を見て、自分の思い描く家族像はサラリーマン家庭ではなく、幼少期から見てきた家族全員で働く家庭の姿だと考え、酪農家の池田義昭氏と結婚した。本人も幼いころから農業をよく手伝ったそうで、子どもの頃から見てきた、それぞれが役割をもって働く光景が喜久子氏の労働の原点になっているといえる。

## （4）起業までの行動と思い

　喜久子氏は、最初から起業を考えていたわけではない。起業に至った転機は1970年代後半に始まった牛乳の生産調整である。大切に育てた牛の乳を廃棄しなくてはならない。この時感じた悔しさがバネになったそうである。

　1993年頃、息子が大学に進学したのをきっかけに、新しいことに取組んだ。最初にチャレンジしたのは、自分自身で栽培する畑を開始し、仲間と対面販売を始めたことだった。この時、自身が栽培したハーブを納めていた先輩女性起業家に、搾りたての牛乳のおすそ分けをしたとこ

ろ、「こんなおいしい牛乳を持っているのに、どうして自分で加工をしないのか。」と尋ねられた。それまで「自分の牛乳を加工する」という思いをもたなかった喜久子氏の心に、この時「起業の種」が芽生えたのである。もうひとつの大きな転機となったのは、1996年にNPO法人田舎のヒロインわくわくネットワーク主催の全国集会「おんなたちの夢語りコンテスト」で、まわりの女性たちが大きな夢をもっていることや理事長である山崎洋子氏（当時）の講演に刺激を受けたことである。この場にも先の先輩女性起業家が誘ってくれたのである。この経験が「よし本格的に起業する。」という決心につながったそうである。それまでの自分が「井の中の蛙」だったことを思い知り、「みんなに負けないようなことをしたい」「牛乳を通して人とつながりたい」「生産者の思いを消費者に届けたい」という思いが湧き、「牛乳を加工する」という決意につながった。

## （5）ジェラート加工に決めた経緯

　牛乳加工には、ヨーグルトやチーズ、アイスクリームなどがあるが、ジェラートに決めた理由は、経験と情報だった。ここでも父の言葉が生きているといえる。それぞれに難しさはあるものの子どもたちが幼いころ、牛乳、生クリーム、卵黄、砂糖というシンプルな材料だけでおいしくて安心して食べられるアイスクリームを作ったことがアイスクリーム系に傾いたきっかけになった。また、この時、息子がニューヨークに留学中で、「アメリカは健康ブームで、ローファットのアイスクリームが流行っている」との情報を得て、コクはあるけれども脂肪が低いイタリアン・ジェラートというものがあると知って、「ジェラートがいい」と直感的に感じたそうだ。

　喜久子氏が牛乳の加工をしたいと思い始めたころ、夫は酪農組合長であった。全量出荷が原則の組合の長を務めている夫の立場からすれば、加工を認める訳にはいかず、当初は反対されていた。しかし、喜久子氏が安心で安全なアイスクリームの作り方を求め、方々へ電話をかけたり、視察をしたりする姿を見て、義昭氏は取引先に自家製の牛乳加工を

認めてほしいと自ら交渉に出向いてくれたそうである。それ以外にも義昭氏の協力が実現への力となった。また、保健所から営業許可を得るために何度も足を運んだが、なかなか許可が得られず、ついには短気をおこして、書類をたたき置いて帰ってしまったこともある。それを見ていた義昭氏が保健所へ謝罪に行き、粘り強く交渉してくれた。そのおかげで、アイスクリーム製造業の営業許可を得ることができたのである。当時、まだジェラートが初期だったこと、牧場での乳製品加工も初期だったことで、保健所もかなり慎重だったのではないかと推察できる。これらの経験から、本人の熱意はもちろんのこと、絶対的理解者の伴侶をもつことも女性起業の立ち上げには重要である事がうかがえるエピソードである。

### （6）開店までの道のり

　店舗を開店するというのは、土地があって、資本があるだけではできない。何より大切なことは、経営理念に基づいた商品をもつことである。起業する思いは先に述べた通りであるが、加えて喜久子氏は「ほんまもん」にこだわった。こだわりがなければ事業は長続きしない、との思いで、本場イタリアン・ジェラートの味を学ぶべく、単身で2週間イタリアのローマで研修をした。研修といっても、知り合いもいない、つてもないなか、飛び込みで話を聞いたり、その先の人を紹介してもらったりと持ち前の好奇心旺盛の姿と行動力に頼った研修であった。とにかく“ほんまもん”の商品が売られているローマで、ジェラートの製造工場、特徴的な売り方の店舗などを視察し、味や売り方、保存方法、材料等を学んだ。総額では約100万円位かかったそうである。

　イタリアで決意したことは、「ほんまもんのジェラートを日本風にアレンジしたい。」という考え方で、安心・安全、地産地消、本物志向にこだわった「池田牧場の味」の追求が必要だと考えたのである。この時、力になってもらおうと協力を依頼されたのが、自身の子どもたちが小さい頃、手作りのお菓子を食べさせたいとの思いで通っていたパン・ケーキ教室の先生であった。先生にお願いするものの、「週3回の教室

がある上、アイスクリームは作ったことがないから」と最初は断られて
しまうが、何度も先生の所へ出向いた。最終的には「こんなに誰かから
望まれたことはなかった。池田さんのために、2年間教室を中断して協
力しましょう。」との回答が得られ、喜久子氏と先生は二人三脚で池田
牧場の味の基礎をつくり上げたのだった。他にも和菓子店やフランス料
理店からもアドバイスを得ることができ、和風味の商品や高度な調理技
術を用いた商品、和洋折衷の深い味わいをもつ商品を開発することがで
きた。どこにもないジェラートの誕生である。

　実は資金調達の点でも苦労があった。ジェラートショップ「香想庵」
の開店までにかかる費用は、建物に2,000万円、機械に1,300万円、開
店準備資金に500万円、合計約3,800万円の資金が必要と考えられた。
喜久子氏は建物共済の満期金の約500万円が手元にあるだけで、他は融
資を得なければならなかった。個人経営であるため、農林水産省の補助
金も得られず、不足額を国民生活金融公庫（現、日本政策金融公庫）の
農業改良資金から借り入れる予定だったが、当時は農業改良資金の項目
に「加工」がなかったため借りられなかった。この時も、夫の義昭氏が
助けてくれたのである。地元の信用金庫の支店長に相談したところ、こ
れは絶対に村おこしになると信用金庫から1,300万円、また信用金庫の
紹介で国民生活金融公庫（当時）から2,000万円を借りることができた。
こうして、1997年にジェラートショップを無事に開店することができ、
滋賀県で初のジェラートショップを開業した。初年度から3,900万円を
売り上げることができた。

　以上みてきたように、喜久子氏の生い立ちからくる労働や家族に対す
る思い、ある意味異業種ともいえる人びととの出会いによって受けた刺
激を糧に行動へ変えていったといえる。その行動を一番身近で、しかも
実質的に支えてくれたのは夫であった。ヒントを得たのは子どもたちか
らであった。そして、現在、また次の時代を支えているのは子どもであ
る。ほんまもんを目指すための思い切りのよい行動は、家族の支えが
あってのことだということが本事例からわかるのである。

## （7）経営者としての行動

　当初から、順調に売り上げを伸ばした池田牧場だが、喜久子氏個人の体に異変が起きた。責任感の強い喜久子氏は、当初、返済のめどがたったら、いつでも辞めて農家に戻れる、という考えだったそうだが、従業員の生活も支えていくなかで、そのような甘い考えは許されないという考えに至った。開店から5年間、ほとんどゆっくりとは眠れない日が続き、経営が軌道に乗って、製造から販売のそれぞれの部門を従業員に任せることができるようになったある日、遂に体が悲鳴をあげ、外へ出ることができなくなってしまったのである。

　この状態が約1か月間続き苦しんだ。この時も夫の義昭氏が助けてくれた。義昭氏は長野県でチーズを作っている友人のところへ喜久子氏を連れ出した。その経営者の奥さんから「池田さん、私たちがしている仕事は農業者ではダメ、商業者になってもダメ、その間をいく隙間産業をしているのだから、「隙間産業のパイオニア」にならなあかんのよ。」と激励されたことで、目からうろこが落ちた。今では、「農業者がしていること」「農業者だからこそ伝えたいこと」を伝えるため、時間があれば店頭に立ち、ひとりでも多くのお客さんと話すことを心掛けている。

　2010年には、「第5回滋賀CSR経営大賞」に応募し、大賞を受賞した。この賞は日本的経営の基礎を築いた近江商人の「売り手よし、買い手よし、世間よし」の「三方よし」の精神と、「環境配慮」「社会貢献」「地域特性」「LOHAS志向」「生物多様性保全」の考えを融合させた、滋賀県ならではの「CSR経営」に取り組む企業を表彰するもので、喜久子氏はどうしても大賞を取りたかったという。本賞を受賞したということは、女性起業の経営者が一般企業経営者にも負けない取り組みをしていると社会が認識したことだといえる。農業の可能性はこうした形でも伝えることができるのだということを喜久子氏は身をもって示した。

注）経営委譲後、2019年4月14日をもって「香想庵」は、閉店となっている。

写真8-1　上左ジェラートの箱と保冷バッグ、上右レストランのある日のメニュー。下看板

## 2. 地域組織で若い女性オペレーターが活躍する事例「兵庫県小野市『きすみの営農』」

　それまで男性メンバーだけだった農作業受託を行うオペレーターに女性が入った。しかも最大時で6名もの女性がオペレーターとして活躍する。彼女たちは、各自の思いで入社したが、仲間として、女性起業グループのような行動をとっている。彼女たちの行動から農業の明るい未来を創造して欲しい。

### （1）地域概要

　兵庫県小野市は、県本州部分の中央やや南に位置する。縄文時代の遺跡も出土する歴史ある土地である。人口は約48,000人（2019年2月現在）、農業経営体数は1,507経営体（2015年農業センサス調べ）、農業就業者人口1,312人である。耕地面積2,330haのうち2,270haが水田の耕地面積である。

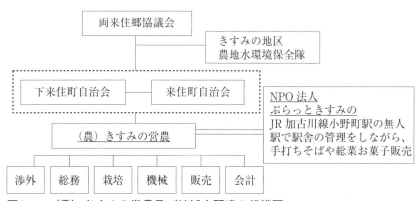

**図8-1　（農）きすみの営農及び地域内関連の組織図**
資料：（農）きすみの営農提供資料を元に筆者作成

## （2）きすみの営農の概要

　営農組合の設立は1998年である。地域には57haの農地があり、うち現在は40haをきすみの営農が管理している。最大で200戸近くあった農家だが、現在、個人農業を営むのは10戸足らずである。地域の高齢化が進むなか、圃場整備事業後の担い手として営農組合が設立された。

　2013年には、法人として再出発することとなった。地区と各地域組織との関係は図8-1に示す通りである。組合長以下6名の理事で部門長を担当し、各部門に運営スタッフを配置、合計15名で運営している。農作業の常時従事者には女性5名、男性6名、の合計11名（2018年現在）となる。

　法人を立ち上げようとした時、国による集落営農の法人化推進が始まり、法人化のために必要な経費に関しては交付金が受け取れた。住民にとっては、この交付金がモチベーションとなり、大型機械の導入に取組むことになった。だが、転作作物に関する栽培技術の向上などに着手するための準備はできていなかった。

　一方で特筆すべきは、図8-1の右にある『NPO法人ぷらっときすみの』の存在である。本団体は営農組合の圃場整備が完了した翌年に発足している。その時は、NPO法人ではなく、きすみの営農の加工部門グループであった。2006年10月にNPOとしての認可を得た。実はこちら

も高齢者の働く場、特に女性の活躍の場づくりを実現しており、地域内の原材料を用いた農産物加工の増大、体験教室や学校行事等において郷土料理の伝承・普及に尽力し、今ではレストランを経営し、31名もの雇用の場にもなっている。2015年には農山漁村男女共同参画推進協議会主催の農山漁村女性・シニア活動表彰最優秀賞を受賞した。運営するレストランには、年間5万人以上、平日でも人が並ぶほどの観光名所になっている。このNPO法人ぷらっときすみのと（農）きすみの営農の双方が、それぞれでも、また連携もして、地域外の人を呼び込んでいる。

## （3）きすみの営農に女性が参画

　きすみの営農が法人化する際、それまでの組合長や営農実践者が高齢化し、農業のリタイア希望者が急に増え、営農組合の人員が減った。農作業を請け負うオペレーターが3人ほどになり、至急オペレーターの募集が行われた。同時に、運営体制を変えていこうと農作業常時従事者の募集も行われた。しかし、立地条件のいい小野市は、兼業農家が多く、男性たちの多くはサラリーマンで昼間はいない。応募者ゼロという結果になった。その時、役員のひとりの妻が友人を誘い、応募してくれたのである。当時30歳代であった。代表役員たちは『天使が舞い降りた』と喜んだ。しかし、一部の農家からは『ワシの農地はオンナに預けたのではない』と反発の声も上がった。それでも役員たちは彼女たちが担い手として十分に働いてくれることさえわかれば反発の声を上げた人も理解してくれる、と信じてこの女性たちに期待した。

　最初は2名だったが、2か月後に2名増え、さらに最大で6名になった。年齢は30〜40歳代で、皆、小中高生を育てるお母さんである。現在の5名の内訳は、ひとりは農家で、他の4名は非農家である。

## （4）女性オペレーターの誕生

　稲作地帯のため、農業機械を乗りこなす男性が担い手というイメージが地域には強かったようで、女性に大型機械が乗りこなせるかとの心配

の声があった。そのため、農機具メーカーに相談したところ、「日常的
に車に乗っている人ならきっと大丈夫」といわれた。実際に田んぼで練
習をしたら、彼女たちは2～3時間で乗れるようになったということで
ある。公道での移動なども考えると、大型特殊免許を取得した方がよ
く、免許を取りに行ってもらったところ、全員1回で合格し、2013年の
その年から、女性オペレーターたちは、コンバインで稲やソバの刈取り
を行った。またトラクターに溝堀機をつけて圃場の額縁溝堀や耕起も
きた。周囲の男性はこの女性の習熟度の速さに驚嘆した、と理事長は当
時を振り返る。

### （5） きすみ農 Girl の活躍

　きすみの営農の女性たちはすぐに注目を集めた。メンバーは皆、自分
の性格にこの仕事はあっていると楽しみながら仕事をしている。最近で
は『きすみ農Girl』としてブログやFBなどでその活動を紹介している。
　また、各田畑での作業シフトを組むのは、このうちのひとりである。
また作業日誌も、パソコンによる管理ができるようになった。集落営農
の事務所前、テント下での対面販売も行い、30kgの米袋も担ぐことが
できる。加えて、新しい特産農産物の開発や加工食品づくりの開発も
行っている。営農組合では、任意組合の時から、地元小学生の勉強にな
ればと小学生のお米作り『たんぼの学校』を受け入れており、年に1度
のコスモスまつりも行っている。黒大豆の枝豆の収穫体験は小野市のふ
るさと納税返礼品にもなっている。こうした事業や消費者の農業体験・
収穫体験の受け入れは、彼女たちが中心になって行っている。つまり、
彼女たちのおかげで、農地を守ることができ地域の活性化も図ることが
できたということである。
　また、驚くべきは、彼女たちはパートという就業体制だということで
ある。年間のおおまかなスケジュールを聞くと、1～3月は仕事量が減
るが、米作りの作業で忙しい春と秋は男性も女性もフルで働く。夏の仕
事の外作業については天候に応じて作業を進める。作物に合わせた仕事
体系である。基本的に、土日は休日で仕事は平日のみである。このよう

に季節労働者的な働き方は女性の方が向いているのかもしれない。

　野菜の栽培も女性たちが始めた。作業の空いている時間を利用して「自分たちで野菜をつくってみたい」との思いから始めたそうである。最初は失敗の連続だったそうだが、持ち前の根気で経験者等に教わり、現在では直売所や地域の飲食店などに販売、じゃがいもや玉ねぎ、さつまいもは小野市の給食センターにも納品できるようになっている。

## （6）女性目線での加工商品づくり

　もったいないから始まったさつま芋かりんとう、小袋入り小餅の加工品がある。自分たちで加工するよりは、委託した方がよい商品ができるとの考えから最初から委託で行っている。ただし、商品づくりには彼女たちの経験が詰まっている。

　2種のさつま芋かりんとうは、形は違うが、味つけは同じである。しかし、形が違えば、何かが違うかもと思い、消費者は食べ比べのため、両方を買う場合もあろう。味の違いを試したい人には心をくすぐられるユニークな商品設計である。

　小袋入りの小餅も主婦目線で考えられたアイデア商品である。まずは賞味期限の長い商品が欲しかったため小袋にした。小餅にしたのは、袋から出して火が通り易ければ調理が簡易になるからである。パッケージにも工夫がある。印刷は2色刷りと多色刷りで費用がかなり異なる。そのため、2色でも目立つようなパッケージが考えられている。また、地域の思いが詰まった商品であることをアピールするため、地域の歴史もパッケージに記載されている。小餅を使ったメニューもパッケージに掲載している。これは、直売所などでよく見かけるポップをパッケージに掲載したという見方ができる。自分たちが買い物をしていて、欲しいと思う情報を詰め込んだということである（写真8-2）。

## （7）続けられる要因の自己分析

　彼女たちは、暑い日も、寒い日も作業があるということは、仕事をする前から覚悟していた。仕事として続けるのに大事なポイントは、人間

関係だということである。仕事環境について彼女たちに聞いたところ、「役員の年輩者が大変大事にしてくれている」ということが第一声で聞かれた。先輩たちから「女の子」と称され、「女の子が頑張っているのだから自分たちも頑張らないと」という声が聞かれ、そのように言われることによって、彼女たちも仕事を頑張ろうと思えるということである。彼女たちがチャレンジしたいと言ったことに、これまでNoと言われたことがないそうで、「次のステップは何をしたいか考えられる仕事なのでワクワクする、楽しいから続けられる」ということも聞かれた。また、農業は毎年違うということも魅力に感じているそうである。季節感が感じられる、自分の子どもたちにも農業の話ができるなど、話題に事欠かない農業という仕事を、本当に楽しんでいるということが伝わってくる。

　「お互いに思いやりをもって対応する」ということと、「言いたいことが言える関係にある」ということが、この仕事を続けたいと思う理由だとまとめていただいた。

　仕事としては、女性が農業、それも稲作に関わることは、一見特殊と思われがちだが、女性でもできることを彼女たちが証明したといえる。また、若者が関わることで組織管理体制が良くなった。そして女性が関わることで、自分の周囲にいる地域の人にサービスを提供したいという思いがコミュニティビジネスを生んでいる。組織における人間関係は一言ではいい表せないが、絶妙なバランスでよい方向に進んでいるということがわかった。農業という産業は老若男女、大人も子どももつなぐ可能性をもつ多面的機能産業といえそうである。

写真8-2　上は小餅のパッケージ下はさつま芋かりんとう2種

【学習のポイント】

[1] 女性の経営的特徴を良い点、悪い点からまとめてみよう。

[2] 女性起業がつくっている商品のラインナップをみてこだわりをまとめ、そのこだわりがつくられた背景を聞き取ってみよう。

【さらに学習を深めたい人へ】

　多数の事例が掲載されているなかでも良書と思う2冊を選んだ。それぞれの事例が深く分析されている。

[1] 金丸弘美『田舎力　ヒト・夢・カネが集まる5つの法則』NHK出

版生活人新書、2010 年

[2] 高橋信正編『第8巻　戦後日本の食料・農業・農村　食料・農業・農村の六次産業化』農林統計協会、2018 年

> ### ティータイム
>
> ### みんな一緒だったからよかった
>
> 　農業に携わる農村女性の皆さんにお会いするとパワーがもらえる。私もパワフルだとはよく言われるが、農業に携わっている女性は私と違って皆ほがらかだ。男性でもリーダー層の人にそういう感覚を覚える。結局、私が良い影響を受けるのは、コミュニケーション能力の高い人なのだと思う。男性、女性の違いではない。では、コミュニケーション能力の高い人とはどのような人なのだろうか、生まれついてのものなのだろうか、訓練で変わるものなのだろうか、まだ答えは見つかっていない。ただ、共同作業を共にする昔ながらの農業習慣は各人のレベルでコミュニケーション能力を伸ばしたような気がする。近代農業では失われてしまった共同作業。以前、おばあさんがおっしゃられた言葉が印象的だった。「昔はみんな一緒だったからよかった。」という言葉である。これは、一緒にいた、という意味ではなく、生活レベルが一緒だったという言葉を表したものだ。助け合って生きてきたことを、何気なく発言された言葉なのだが、競争的な今の社会ではない時代を知っている人の言葉として私の心にとても響いた。

# 9 | 田園回帰時代における 農山村レクリエーションの展開

宮部和幸

　都市生活者における農山村への関心の高さと深さがみられる田園回帰時代、余暇活動としてのレクリエーションが求められてきている。「田園」を舞台とした農山村レクリエーションとしての農山村散策は、農山村地域の何かを楽しむための場所として位置づけるのではなく、農山村それ自体を楽しみの対象とするもの、すなわち、豊かな自然のもとで、農業が営まれ、農家の生活が息づく農山村地域での楽しみ、農山村レクリエーションについて解説する。

《キーワード》　都市生活者、農山村への憧憬、余暇活動、レクリエーション、農山村散策

## 1. いま、なぜ田園回帰なのか

　書店に行くと、定年後の「田舎暮らし」のすすめや、農山村の四季折々の自然などを紹介した雑誌や書籍が並んでいる。テレビ画面からは、タレントが農山村に出かけて、新鮮な野菜を収穫したり、住民との心温まる交流などを収録した映像が流れる。農山村やその自然などを題材とした記事やテレビ番組が増えてきている。これまでのマスコミは、どちらかといえば都市にもっぱらスポットライトをあて、農山村はそのライトの散光に過ぎなかったが、近年は一転して農山村にスポットライトを向け始めてきている。そして、政府の世論調査では、農山村に定住を希望する都市に住む生活者（「都市生活者」）が年々増えてきているという調査結果も公表されている。

　こうした都市生活者が農山村地域に対して関心を高めている社会現象、あるいは過程を、一般に「田園回帰」と呼ぶ[1]。田園回帰というキーワードは、最近、新聞記事などでも取り上げられることが多く、農

林水産省『食料・農業・農村白書』（2014 年）などの政府文書でも記載
されるなど、その社会的認知は広がりつつある。

　では、なぜ田園回帰なのだろうか。戦後の第一次ベビーブーマー、い
わゆる「団塊世代」がリタイアする年代となり、受け入れ先としての農
山村がクローズアップされてきたこともあるが、成熟社会が到来し、わ
れわれの社会生活スタイルの変化もその背景にあるものと考えられる。

　成熟社会は、量から質の時代への転換期にあるといわれている。すな
わち、豊かさの内実が、フロー（flow）からストック（stock）に移行し
てきている。例えば、生活者の農産物に対するニーズは、できるだけ安
くて安全なものから、安全だけではなく、そこに安心感や、あるいはそ
れを生産している農業者や産地に対する信頼感といった目にみえないも
のが強く求められつつある。農産物に対する生活者ニーズをとってみて
も、そこには多様な質が問われ、そのためのストックの豊富さが重要と
なってきているのである。

　このような観点からみると、農山村は、豊かな自然やそこで営まれる
農業、さらに地域に息づく伝統文化などの多様なストックを豊富に有し
ているといえる。つまり、農山村には、何か大切な宝物が詰まっている
のではないかと、さまざまな関心が向け始められてきており、それが田
園回帰という社会的現象となって現れてきているのである。

**写真9−1　普段着の農山村　（徳島県勝浦町）**

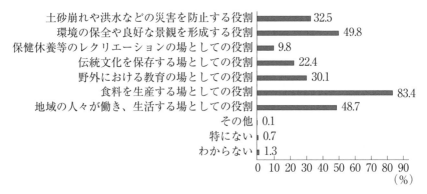

**図9-1　農山村のもつ役割とは**
資料：内閣府大臣官房政府広報室「農山漁村に関する世論調査」2014 年

　図9-1は、農山村のもつ役割のなかで、どのようなものが特に重要であるかについて、都市住民を中心に尋ねた結果である。「食料を生産する場としての役割」を挙げた人が83 ％と最も多く、次いで「多くの生物が生息できる環境の保全や良好な景観を形成する役割」（50 ％）、「地域の人びとが働き、かつ生活する場としての役割」（49 ％）、「水資源を貯え、土砂崩れや洪水などの災害を防止する役割」（33 ％）、「農山村での生活や農業体験を通しての野外における教育の場としての役割」（30 ％）などの順となっている。もちろん、ほとんどの人が、食料を生産する場としての役割を農山村に求めているが、それ以外の多様な役割を農山村に求めている人も少なくない。

　こうした役割をもつ農山村に滞在時、何をして過ごしたいかを都市住民に対して尋ねた結果をみると、全体の半数近くが「その地域の名物料理を食べる」（46 ％）と回答しており、次いで「稲刈りや野菜の収穫など」（44 ％）、「山歩き、山野草観察」（43 ％）、「地域の人たちとの交流・ふれあい」（41 ％）、「温泉」（40 ％）などの順となっている[2]。郷土料理を楽しんだり、稲刈りや野菜の収穫などの農業体験や散策など、農山村において幅広い活動に対して関心が高まってきていることがうかがえる。

　図9-2は、農山村での一時滞在ではなく、農山村への定住願望の有

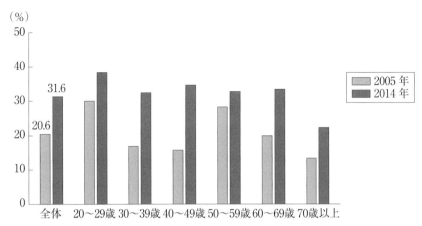

**図9-2　都市住民の農山村への定住願望の有無**
資料：内閣府大臣官房政府広報室「都市と農山漁村の共生・対流に関する世論調査」2005年・「農山漁村に関する世論調査」2014年

無について尋ねた結果である。農山村への定住願望が「ある」と回答した都市住民は2014年で全体の32％に達し、おおむね3人に1人ほどの割合となっている。2005年のそれは21％であるから10ポイントほど高まっていることになる。年齢別にみると、20歳代（39％）と40歳代（35％）でやや高くなっているが、いずれの年齢層でも指摘されていることがわかる。

　これらの結果からも理解できるように、10年前から団塊世代が定年退職を迎える時期に合わせたように高まってきた農山村への関心は、必ずしも一過性のブームではない。それは団塊世代層だけにとどまらず、もっと幅広い年齢層において、田園志向が高まってきている。いま、比較的多くの人たちが、農山村を自らのライフスタイルのフィールドと考え、関心を向ける段階に入りつつある。さらにいえば、農山村に対する高まる関心、すなわち、田園志向は、広範な社会情勢を背景とした潮流（うねり）のひとつにさえなりつつあるといえる。

　ただ、こうしたトレンドも、都市生活者が、農山村に関する情報を何らかの手段で得なければ、農山村に関心や農山村に出かけてみようとする気も起こらない。つまり、われわれの余暇時間の増大の下で、豊かな

自然や農山村を舞台としたライフスタイルの提案などを含め、情報ジャンルの多元化も田園回帰に大きく影響している。わが国の田園回帰時代は、情報多元化のなかで、自分の足元を見直し、自然と向き合って自分らしく生きようとする都市生活者のようなドライバー（牽引者）によって、進みつつある。

## 2. 高まりつつある農山村への憧憬

　社会的背景をもった農山村への関心の高まりによってもたらされた都市生活者の憧れとはどのようなものか。それは単に、農山村の自然の豊かさ、その景観の良さといった外面的なものだけに依拠しているのではない。むしろ、農山村の内なるもの、自然と向き合う農業であったり、地域の伝統文化を吸収する農山村の暮らしなどである。つまり、農山村の自然、農業、農山村の暮らし（生活）の大きく3つの側面における都市生活者の憧れでもあるといえよう。

### （1）日常生活を包む「自然」

　都市生活者の憧れる自然のひとつは、日常生活を包む優しい自然であり、それはわれわれと共生する自然である。経済成長による物質的な豊かさがもたらされた反面で、人びとが日常生活において心理的な豊かさを感じる機会が減り、価値観や意識は、物の豊かさから、「ゆとり」や「やすらぎ」といった「心の豊かさ」重視に変化してきている。このようななかで、都市生活者の8割を超える人びとが、「緑や水に恵まれた豊かな自然と美しい景観」としての農山村に魅力を感じているとさえいわれている[3]。

　かつては、春の花見に始まり、夏はホタル狩り、秋は月見、紅葉狩り、冬には雪見など、四季折々に自然との交わりを楽しむ、自然と共生するなかでの日常生活を送ってきていた。近年、都市でみられる屋上緑化・庭園や、マンションのベランダでのガーデニングは、そうした感覚を呼び戻すべく、自然的生活、自然との共生の強まりの表れに他ならない。

　もうひとつは、子どもの頃の風景、馴染んだ原風景を形成する自然である。わが国の農山村は、高度経済成長期から、都市との切り離しが始まった。とりわけ団塊世代層を含めその前後は、心の拠り所を、子どものときに馴染んだ原風景に求める動きは根強い。なぜなら、農山村には原風景を形成する自然が今なお残っているからである。原風景を形成する自然とは、自然の風景美ではなく、人が何らかの手を加えて形成された二次的自然、つまり、自然の美しさではなく、農家の人たちによる生活景である。

　ただし、こうした自然への回帰の気運が生じてくるのは、単純なノスタルジーではなく、物の豊かさに加えて、心の豊かさの享受からくる新しい段階での自然への回帰であることに注目しておかなくてはならない。

### （2）都市生活者が憧れる「農業」

　郊外に少し足を伸ばして、農山村地域に行くと、晴れ晴れとした気分になった経験はないだろうか。夏は稲穂の緑が鮮やかに目に映る。都市にも緑がないわけではなく、街路樹など美しい街並みがある。しかし、最初は綺麗だと感じていても、その感動が長続きしないのはなぜだろうか。それは都市には「農業」がなく、それが農業の緑ではないからであろう。

　では、農業の緑とは何か。それは、膨大な生産時間が詰まった緑だということである。米の生育期間はおおむね150日（3,600時間）ほどである。稲が稲穂として青々とした緑になるまでには、100日（2,400時間）ほどがかかる。農業が営まれていることは、そこに膨大な生産時間が収録された緑を提供していることになる。

　都市生活者からみた農業は、ひとつは、食と結びつく、食料の供給としての農業である。食料の量的確保もさることながら、特に近年では、従来にもまして、安全、安心、品揃えを保証することが期待されている。

　そして、もうひとつは、屋外において、自然と向き合いながら植物を

育て、収穫する農業であり、人間の本能的な要求を充足する行動・行為としての農業である。植物を「育てる行動」は、手入れ・世話をするという行為、五感で植物にふれ、からだを動かし、芽生えに感動し、弱い生命に手を差し伸べる。農業とは、本能的な欲求である「育てる・育む」と「手に入れる・収穫」を充足する行為を意味し、屋外において、自然と向き合う農業は、ストレスから解放し、安定が保たれることで、心が癒やされ、かつ満足感を得るものである。都市生活者の抱く農業には、このような憧れも含まれている。

## (3) 手触りを感じる「農山村の生活」

　旅館やホテルに比べれば、時間と手間もかかり、不効率な活動・行為だと思われるキャンプをはじめとした野外活動が盛況である。ここに、都市生活者における「農山村の生活（暮らし）」に対する憧れに通じるものがある。

　本来、農山村の生活の主軸となる農作業は、比較的過酷であり、長時間労働であることもあって、自らが作業手順を決めて、適度に休みを取るものである。早朝農作業をして、昼日向の暑い時期などは避け、夕刻にまた作業を行う。休憩には、家族や仲間たちと談笑し、家族たちと食事も一緒にし、作業の改善のための会話などが交わされる。労働のなかに余暇が入っているのである。というよりは、労働と余暇とが融合し、一体化した状態にあるといったほうがよい。つまり農家の生活そのものは、労働と余暇の融合度合いの高い生活スタイルが息づいている。

　労働と余暇が融合された暮らし自体、出来るだけ自分たちに出来ることは、自分たちの手で行う、あるいは苦労をともなう、いわば手触りを感じる暮らしでもあるといえる。都市生活者にとって、こうした手触りを感じることのできる暮らしのある農山村の生活が新鮮に映り、眼差しが向けられてきているのである。近年、キャンプ、野外活動などが盛んになってきたのも、手触り感を求めていることの表れであると考えられる。

　また自然災害の多いわが国こそ、臨機応変に身近なものを活かす知

恵、すなわち生活の知恵は不可欠であり、レジリアンス（変化に対する柔軟な強さ）が求められている。都市のシステムは、集中し、特化を推し進める「効率性」が強まる一方で、一度異常が起きると、たちまち機能停止に陥る弱さ、「脆弱性」も強めてきている[4]。すなわち、都市での生活は、個々の分野が高度に専門化され、他者に大きく依存する傾向にあるのに対して、農山村での生活は、地域住民が連携する傾向にあるといえる。

　農山村生活は、住民同士の言葉や習慣、行事、祭り、信仰、伝統工芸、生活様式など、生活文化と目されるものすべてを吸収した暮らしでもある。農山村がその地域での伝統文化を吸収する暮らし、相互扶助のもとでの暮らしにも、都市生活者には新鮮に映り、憧れを醸成させる背景となっている。

　都市生活者の田舎への憧れ、すなわち田園回帰とは、農山村ならではのもの、大切な宝物と言い換えることができる。それは農山村がもつ「豊かな自然」であり、その自然と向き合う「農業の営み」、そして地域の伝統文化を吸収する「農山村の暮らし」や、相互扶助を基盤とした農山村コミュニティーをもつ「農山村の生活」である。

## 3.　グリーン・ツーリズムとレクリエーション

### （1）グリーン・ツーリズムの理念と現実

　では、都市生活者が、目的を持って、農山村に眼差しを向けたり、あるいは農山村地域に出かけるようになったのはいつからであろうか。それはグリーン・ツーリズムが提唱され始めたここ20年あまりのことである。1992年、農林水産省に設けられたグリーン・ツーリズム研究会は、グリーン・ツーリズムを「緑豊かな農山漁村地域において、その自然、文化、人々との交流を楽しむ滞在型の余暇活動」として提唱した（以下では「提唱」という）。

　この提唱には、次の3つの注目すべき理念が含意されていた。第1は、旅行といった「観光」ではなく、「余暇活動」としたことにある。これはまさに当時の過熱するリゾートブームの下で、観光業に対する批判

や、観光からの脱皮といったアンチテーゼとしての役割をもっていた。第2は、「物の豊かさ」に加えて「心の豊かさ」を求める気運の高まりを背景として、グリーン・ツーリズムをそのひとつの手段として位置づけ、農山村地域での楽しみ、ゆとりある休暇を大切にしたことである。第3は、既存にある地域資源の活用を基本として、人の交流を重視したことである。このことは、グリーン・ツーリズムが、ハードをともなう開発を誘引するのではなく、あくまでも既存の地域資源を活かしたソフトな開発をねらいとしていた。

　ただし、提唱にはこうした理念を含意しながらも、他方では現実的な側面も持っていたのである。このことは、「滞在型の余暇活動」とした「滞在型」という文言に端的に表現されている。のちに滞在型は削除されるが、これには、都市住民が農山村に滞在することを第一とした農山村地域における観光業の起業も含んでいたのである。農林水産省の提唱後、農山村地域において、宿泊、レストラン、直売所などの関連施設が整備され、それはまさに施設に依拠した楽しみ方を提供するグリーン・ツーリズムが展開されるのである（以下では「施設依存型グリーン・ツーリズム」という）。

　確かに、農山村地域において関連施設が建設（インフラも含む）されたことは、施設利用を目的とした農山村地域に訪れる新たな都市住民を増やし、他方で農山村住民には新たな雇用機会を提供するなどの経済効果をもたらしたことを指摘することができよう。しかし、その一方で、施設依存型グリーン・ツーリズムは、われわれを施設を通しての農山村地域での楽しみ方にとどまらせてしまった面も否めない。ここには、いかに農山村を楽しむか、といった能動的な行為ではなく、農山村サイドから提供されるサービスを、どう受け止めるのか、といった受動的な行為にわれわれをとどまらせることになりかねないのである。

　また、施設依存型グリーン・ツーリズムは、こうした農山村の楽しみ方だけではなく、施設による観光事業化への絞り込みや、農家民宿や農家レストランといった農家経済の多角化への矮小化など、広がりをもつグリーン・ツーリズムそれ自体を狭い枠組みに押し込めてしまいがちで

もある。各地域に、こうした同種の施設が建設されることは、これまで
もっていたその地域の固有の「農山村らしさ」さえも失いかねない。施
設に過度に依存したグリーン・ツーリズムは、その持続的な展開を困難
にしかねないのである。

### （2）レクリエーションと余暇活動

　グリーン・ツーリズムとは、施設を通して農山村の何かを楽しむため
の場所として位置づけるのではなく、農山村それ自体を楽しみの対象と
するものである。グリーン・ツーリズムの本来的な理念に立ち返れば、
豊かな自然のもとで、農林業が営まれ、農家の生活が息づく農山村の楽
しみ、「レクリエーション（recreation）」こそ着目しなければならない
といえよう。

　レクリエーションとは、人間らしく生きることを追求する活動そのも
のであり、それは仕事に比べて、自らの意志をより自由に貫ける余暇活
動である[5]。仕事に備えて元気を回復し休養を取るという消極的な余暇
活動にとどめるものではなく、自ら積極的に楽しみを追求し、創造する
「主体的な余暇活動」でもある。

　余暇活動の概念定義としてしばしば用いられるデュマズディエ氏のそ
れは、「余暇とは、個人が職場や家庭、社会から課せられた義務から解
放されたときに、休息のため、気晴らしのため、あるいは利得とは無関
係な知識や能力の養成、自発的な社会参加、自由な想像力の発揮のため
に、まったく随意に行う活動の総体である」としている[6]。

　余暇には、「休息」、「気晴らし」、「自己開発」の３つの要素を含むも
のとして、そしてもっとも大切なのは、主体的な活動となる自己開発で
あるとする。この自己開発とは、人間の発達を支える知的活動のための
源泉であり、知的活動の原点には、「学び」の要素だけでなく、それに
は「遊び」の要素が含まれなければならない。なぜなら、学びだけで
は、気晴らしにならないし、逆にストレスを感じてしまいかねない。す
なわち、余暇活動としての自己開発としての知的活動には、学びだけで
なく、遊びの要素が含まれるものとなる。

　本来、学びと遊びの両者は対立する概念であり、学びは遊びが終わってから始まるし、遊びは学びが終わってから始まるものである。遊ぶためには、まずは学びから解放されなければならないわけである。しかし、主体的な余暇活動では、両者互いに接近し、融合したもの、すなわち、学びと遊びが融合しているのが余暇活動であるといえる。

## 4. 農山村レクリエーションの展開

### （1）農山村レクリエーションとは

　こうしたレクリエーションを農山村を舞台とするものが「農山村レクリエーション」である。ここで、農山村レクリエーションを活動目的別に分類すれば、表9-1のように整理できる。

　第1は農山村地域において、自然や歴史などを求めて、散策やハイキングなどを楽しむ「遊覧型活動」、第2は地域の郷土資料館や博物館などの目的性を強くもった「鑑賞型活動」、第3は収穫祭などの祭りや各種行事などの農林環境を活かしたイベント・行事の参加を楽しむ「参加型活動」、第4は農作業・農産物加工体験、さらには農山村生活体験などを楽しむ「体験型活動」に分類することができる。そしてこれらの諸

表9-1　農山村レクリエーション活動の類型

| 類　型 | 活　動　内　容 | 主　な　事　例 |
|---|---|---|
| 遊覧型 | 自然や歴史などを求める遊覧を楽しむ活動 | 農山村散策、町並み巡り、ハイキング、野生動物観察など |
| 観賞型 | 郷土資料館や博物館などでの観賞を楽しむ活動 | 地域の歴史、民俗資料、動植物の見学、伝統芸能鑑賞など |
| 参加型 | 農林環境を活かしたイベント・各種行事の参加を楽しむ活動 | 収穫祭など祭りや各種イベント |
| 体験型 | 地域の農林業を体験・学習を楽しむ活動 | もぎ取り体験、農作業体験、農産物加工体験、農山村生活体験、食文化体験など |

活動に農山村地域での飲食や買い物、宿泊などが付随している。

こうした農山村レクリエーション活動を楽しむ主体は、農山村に憧れを抱く都市生活者だけでなく、農山村の地域住民も含まれる。農山村レクリエーションは、地域住民の生活に潤いをもたらすとともに、地域住民のもつ相互扶助によってさらに磨きをかけることで、農山村に訪れる来訪者（都市生活者）により一層の魅力を提供することを可能とするのである。

## （2）農山村レクリエーションとしての農山村散策[7]

遊覧型活動として位置づけられる農山村散策は、学びと遊びの融合としての農山村レクリエーションとして注目される。農山村散策とは、普段着の農山村において、何か大切な宝物を、散策しながら発見する活動であり、「農山村の自然」、「農業の営み」、「農家のくらし」に興味をつのらせ、自分自身で楽しみを発見し、心を豊かにしようとするものである。

農山村散策の歩き方は、歩く速さや距離を競うものではなく、少人数で静かに歩いて農山村の風情にひたり、ゆったりとした時間を過ごすも

写真9-2　農山村散策マップ－福島県石川町山橋地区－

のである。それは、美しく雄大な景色に囲まれている農山村を、あぜ道の草花や昆虫に興味を抱いたり、鳥のさえずりに耳を澄まして、自然のすばらしさを味わうことや、ぶらりと散策するだけでは気づかない氏神様や石仏、特徴のある建築様式など、食文化、伝統芸能などの無形資源にも興味を覚えることである。

　また農業には季節性があり、農山村では四季折々の変化を楽しんだり、農山村を散策し、こうした興味を覚えたり感動したりしたことを書き留めたり、絵や写真などで表現をすることも楽しみのひとつであるし、現地の人びとに尋ねたり、あるいは本で調べて知識を深めることももうひとつの楽しみである。一方、農山村散策を受け入れる農山村地域では、ふるさとの自然と文化を見つめ直す機会が得られ、それによって農山村を一層風情のあるものへと展開していく契機にもなってこよう。

　農山村散策は、自らが喜びや楽しみを見い出す主体的な余暇活動、言い換えれば農山村を舞台とした農山村レクリエーションとして位置づけられるのである。

## 》注

1) 田園回帰については小田切徳美『農山村は消滅しない』岩波書店、2014年、p176による。
2) 内閣府大臣官房政府広報室「農山漁村に関する世論調査」2014年による。
3) （財）21世紀村づくり塾「都市住民に対する「ぜひとも住みたい快適農山村」についてのアンケート」（2000年1月調査）による。
4) 都市の効率性と脆弱性については中島大『小水力発電が地域を救う』東洋経済、2018年による。
5) 余暇活動については、ヨゼフ・ピーパー、稲垣良典（翻訳）『余暇と祝祭』講談社学術文庫、1988年による。
6) J.デュマズディエ、中島厳（翻訳）『余暇文明へ向かって（現代社会科学叢書）』東京創元社、1995年による。
7) 農山村散策のあり方や歩き方については桂　瑛一『カントリーウォーク』新葉社、1997年による。

## 【学習のポイント】

[1] 田園回帰時代が到来する社会的背景を述べてみよう。

［2］農山村散策以外の農山村レクリエーションの事例を考察しておこう。

**【さらに学習を深めたい人へ】**

［1］瀬沼克彰・薗田碩哉編／日本余暇学会監修『余暇学を学ぶ人のために』世界思想社、2004 年

［2］宮崎　猛『農山村コミュニティビジネスとグリーン・ツーリズム』昭和堂、2011 年

［3］小田切徳美『農山村は消滅しない』岩波書店、2014 年

［4］小田切徳美・筒井一伸『田園回帰の過去・現在・未来』農山村漁村文化協会、2016 年

---

**ティータイム**

### イギリスのパブリック・フットパス（Public　Footpath）

　「フットパス」とは、田園や森林、古い街並みなど、ありのままの風景を楽しみながら歩くこと（foot）ができる小径（path）のことであり、イギリスのパブリック・フットパス（Public　footpath）は、農山村地域を歩く権利（The Countryside and Rights of Way）が認められている公共の遊歩道を指す。

　イギリスでは、このフットパスが農山村地域を中心として国土の至るところに敷設されており、国民は積極的に歩くことを楽しんでいる。また、歩く人だけでなく、フットパスの維持・管理、フットパス活動の促進などの住民グループや各種団体・機関も整備されている。近年、日本においても、さまざまな地域において魅力的なフットパスづくりが進められている。

# 10 │ 農山村資源を活用した　地域産業の展開

宮部和幸

　農山村地域には、未利用資源を含め多くの資源が賦存している。本章では、農山村地域における地域資源の活用、農山村資源の活用のあり方を考える。地域資源とはどのようなものであり、農山村地域の地域資源を確認し、こうした農山村地域における地域資源の活用のあり方について解説するとともに、農山村資源をめぐる新しい動きについても注目する。

　《キーワード》　地域資源、取引コスト、農山村資源、未利用資源、再生可能エネルギー

## 1.　農山村地域のいま

　ひと昔前の農山村地域の山は、燃料や建築材の供給源であり、それこそ宝の山だった。山をひとつ持っておれば一生お金に困ることはない、といわれたほど価値ある資源であった。農山村地域の山々から豊富な水が流れ下るように、その資源は下流の街にも届けられた。ところが、石油や天然ガス、木材が海外から輸入されるようになると、農山村地域の資源の価値はみるみる小さくなり、今度は海から山に向かって資源が届けられるようになった。

　1964年の木材輸入自由化によって、海外から廉価な木材が大量に輸入され、国産の木材資源の価値は急激に低下した。その後、30年間でわが国の木材の自給率は70％台から20％台にまで低下し[1]、価値のつかない木材、特にスギは、人の手入れが行き届かなくなり、いまや花粉だけを街に届けている。

　これを資源の流れでみれば[2]、上流にあった農山村地域は下流になり、資源を活用することで暮らしていた人びとは、農山村から街に向かっていった。これが、今日の社会問題ともなっている農山村地域での過疎化

と都市地域の過剰な人口集中の文脈にもむすびつくのである。

　図10-1は、わが国の人口を農業地域類型別にみた人口構成率と高齢化率を示したものである。わが国の人口の約8割は都市的地域に集中し、中間農業地域と山間農業地域、すなわち、中山間地域などの農山村地域は10％しか占めていない。2000年～2010年の10年間における農業地域類型別の人口の動きをみると、都市的地域（3％増）は増加しているが、平地農業地域（4％減）、中間農業地域（8％減）、山間農業地域（15％減）は、それぞれ減少している。

　65歳以上の人口比率（高齢化率）に注目すると、山間農業地域は35％と高く、他の農業地域類型に比べて高齢化が著しく進んでいる。しかも、こうした農山村地域の高齢化のスピードは止まることはなく、ますます加速しているのが現状である。

　こうして人びとが農山村地域で生活を営まなくなることは、「耕作放棄地」や「鳥獣被害」にもむすびつくのである。耕作放棄地は、以前耕地であったものが、過去1年以上作付けせず、この数年の間に再び耕作する考えのない土地のことである。農業地域類型別の耕作放棄地面積率（耕作放棄面積／経営耕地面積＋耕作放棄地面積）をみれば（2010年）、平地農業地域（6％）はやや低いものの、山間農業地域（16％）、中間農業地域（14％）、都市的地域（14％）は、いずれも10％を超えている。そして2005年～2010年の耕作放棄地面積の増加スピードをみると、全体では鈍化傾向にあるが、中間農業地域や山間農業地域は相対的に速まっ

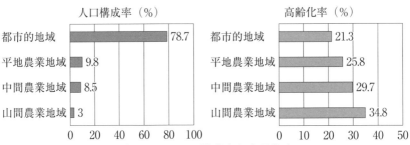

**図10-1　農業地域類型別にみた人口構成率と高齢化率**
資料：農林水産省「平成25年版食料・農業・農村白書」より作成

ている状況にある。中山間地域などの農山村地域では、何もしないでそのまま放置している田や畑が依然として増え続けている。

こうした耕作放棄地の増大につれて、特に中山間地域において、シカ、イノシシ、サルなどの鳥獣による農産物被害が社会問題化している。被害額は年間200億円を超え、増加する一方にあり、被害防止策は各地域で知恵を絞ってさまざまな取り組みがされているが、被害の深刻化と広域化には歯止めがかかっていないのが実情である。耕作放棄地や鳥獣被害は、農山村地域で人が少なくなり、また高齢者ばかりで、農林業の営みが出来なくなってきていることに根本的な原因がある。

さて、こうした農山村地域は、もはや資源がなくなったのであろうか。そうではなく、その地域で資源を活用する人びとがいなくなっていることにその答えを求めることができる。

本来、資源とは、人間が社会生活を維持向上させる源泉として、働きかけの対象となりうる事物であり、それは潜在的可能性をもち、働きかけの方法によっては増大するし、減少もする流動的な内容を持っているものである（科学技術庁資源調査会、1972年）。すなわち、資源とは働きかけの方法や欲望、目的によって変化する「相対的な価値の概念」である[3]。主体である人間が、客体である資源にどのような効果を求めるかが資源の価値を規定する。すなわち、われわれが、資源をどう活用するか、それは主体であるわれわれによって、また人が関わる地域や局面などによって、資源のあり様は異なるものとなる。

そこで本章では、農山村地域に賦存する地域資源、すなわち農山村資源の活用のあり方を検討することを課題とする。まず、地域資源とはどのようなものであり、農山村地域における地域資源を確認し、その活用のあり方について述べよう。さらに最近、注目される未利用資源を活用した新しい動きもみておくことにしたい。

## 2. 地域資源と農山村地域

### （1）地域資源

農山村地域における地域資源は、地域に固定された地域開発に利用可

能な資源として位置づけられる。それは、①農地（土地）、森林、農業用水などの「自然資源」、②農山村文化・歴史、農山村景観などの「文化的資源」、③家畜排せつ物、稲わらやもみ殻の農産物非食用部、林地残林などの「有機性資源（リサイクル資源）」、そして④「人的資源」などであるが、ここでは人的資源については含めないものとして考える。

永田（1988）[4]は、地域資源の特質として、次の3点を指摘している。第1は、地域資源の「非移動性」である。例えば、土地（農地）や水などの地域資源は、その地域に固定されており、人による運搬ができない、すなわち、非運搬性ということである。第2は、地域に存在する資源相互間に連結性を持つ「有機的連鎖性」を有することである。農地、水、森林などの地域資源は、相互に連鎖しており、その連鎖性が破壊されると、地域資源の有用性が失われてしまう。これは、ステンドグラスの絵と同じである。それぞれのガラスの断片の形や色はバラバラであるが、それらがつながることによって、ひとつの絵となっている。もしひとつのガラスの断片が欠けてしまえば、それは絵とはならないのと同じである。第3は、非移動性と有機的連鎖性であるがゆえに、地域資源は「非市場的性格」を有すること、すなわち、価格をシグナルとする市場取引形態には適していないということである。一般に、地域資源は、市場取引形態では取引コストが高くなりがちとなり、それを回避するために取引先を内部化した組織的な取引形態が指向される。

取引費用の経済学で扱う「取引コスト」とは、財やサービスの取引に際して発生する費用、取引相手の探索から交渉、履行過程で発生する費用のことをいう。そして、その取引コストが発生するのは、取引当事者の「限定された合理性（bounded rationality）」と、「機会主義的行動（opportunistic behavior）」にあるといわれている。

「限定された合理性」とは、企業や個人は最も合理的な条件での行動をとろうとするが、情報量と予測能力には限界があるため、売り手と買い手の取引当事者間で情報と知識の格差（情報の非対称性）が生じ、限られた条件下での判断になってしまう。「機会主義的行動」とは、有利な交渉や取引を進めるために、自らに有利あるいは相手に不利な情報を

隠したり、場合によっては裏切ったりする行動である。こうした欺瞞行為や情報操作などといったものによって、取引コストは高くにも低くにもなる。

　さらに、取引される財やサービスの特性によっても、取引コストは高くも低くもなり、それらは取引形態によっても異なる。特殊性が小さな財やサービスは、その品質と規格化が容易であり、価格をシグナルとしたモニタリングが可能である。そのため市場取引形態での取引コストが発生しにくい、あるいは取引コストが低くなる。それに対して、固有なものや個別のものなどの特殊性が大きな財やサービスは、通常の市場取引形態ではその取引コストは高くなり、それにかわる組織的取引形態に向かうのである。

　例えば、図10−2は、農村地域である山形県高畠町において、組織的取引形態によって農地を集約（取引）した新聞記事である。本来、農地は、移動することができないが、農地が一般の土地とは決定的に違うのは、農産物を生産するための土地であり、それが土壌を含む「地力」を有していることにある。そのため、個々の農地によってその地力は違うとともに、陽当たり、傾斜、区画、用排水なども異なり、さらに田や畑などの地目によってもそれぞれ異なる。このように農地は固有性と個別性を持った特殊性の大きな財となる。

　そこで、このような特殊性の大きな農地を集約した記事のふたつの記述に注目すると、その取引は、価格というシグナルではなく、集落組織のメンバー間での交渉、話し合い、そして説得に依拠していることが理解できる。通常、集落組織は、常日頃から顔見知りのメンバーで構成されている。したがって、ここでの取引が、同一組織内のこうしたメンバー間で行われることで、情報操作や欺瞞行為はおのずと抑制されるのである。すなわち、農地の取引（この場合は農地の集約）が、集落組織という組織的取引形態によって、市場取引形態では高く発生している取引コストが節約されているのである。

　しかし、組織的取引形態は万能ではない。この取引形態でも、もちろん、取引コストは発生している。それはひとつに、合意形成コストとい

# 集落残せ　農家が社員

## 重ねた話し合い／若手に土地集約

ゆらぐ農
▼1面参照　④

田植えに向けて苗床に入れる肥料を準備する
＝4月20日、山形県高畠町、渡辺洋介撮影

コメの平均取引価格（60kgあたり）

「個人でやっていては収入が先細り、農業は続かない。皆でやって集落を守ろう」。一軒ごとに経営診断書を作成し、集落営農なら生産コストが下がり、収入が上がると説明。地元農家を優先的に雇い、農業を続けながら給料も入ると説得した。話し合いは年間100回を超えた

　さんは農作業の手を休めて言った。
「皆が楽しく、安心して暮らせる集落の存続には、話し合いによる納得と自立した農業経営が必要だ。給料を払うために利益追求も大切にしながら、住民合意の農業を作っていく必要がある」

図10－2　朝日新聞　2015年5月10日－ゆらぐ農－
　　　　※個人情報に関わる部分は削除。

われるものであり、組織の構成メンバーの合意形成のために要する費用
である。この記事では、合意を得るために話し合いを年間100回以上も
行うなど、時間と手間がかかっている。もうひとつはモニタリングコス
ト、すなわち、組織メンバーを監視するために要する費用である。した
がって、組織的取引形態では、こうした組織内で発生する取引コストが
高くならない仕組み、すなわち、常日頃から農山村の地域住民がコミュ
ニケーションを図る、いわゆる、農村コミュニティが不可欠なのであ
る。

### （2）農山村地域における地域資源

　農山村地域には、こうした農地のほかに、森林、農業用水、動植物、
農山村景観などの多様なそして豊富な地域資源が賦存している。図10
−3は、農山村地域における地域資源、すなわち、農山村資源を大まか
に分類して示したものである。なかでも「自然資源」に位置づけられる
「農地」と「農業用水」は、地域産業の農業生産にとって最も基礎的な
地域資源である。

　農地は、食料の安定供給のための機能を持つとともに、水田の一時貯
留による洪水防止機能、水質浄化機能、美田や棚田などの美しい景観の
形成機能などを持った農山村地域の重要な地域資源である。例えば、畦
畔に囲まれた耕地に水を張る水田は、米などを生産するものだけでな
く、多様な動植物が生息するなど生物の多様性とも結びついているし、
土地改良、水利施設、灌漑排水などのさまざまな社会資本が投入された
地域資源の受け皿ともいえる。

　また農業用水は、作物の栽培に必要な水を、耕地へ人為的に供給する
灌漑用水のほかに、広く農業全般に使用される用水をいう。取水や水路
などの水利施設は、地域によってその構造や規模は異なり、ひとつとし
て同じものはないし、先人たちが取り組んできた水との歴史が刻み込ま
れた資産でもある。したがって、農業用水は、自然と人工とがミックス
した地域資源である。また、水路の障害物の除去などは地域住民などで
行う共有の地域資源であり、その維持・管理には農山村コミュニティが

大きく関わっている。

　農山村地域の人びと（農業者）が、こうした農地や農業用水などの基礎的資源を活用すること、すなわち、農林業が営まれることによって、稲わらやもみ殻、家畜排せつ物、間伐材などの「有機性資源（バイオマス資源）」が賦存し、特徴的な農山村生態系を形成させ、生物多様性に恵まれた農山村環境と景観である「文化的資源」を保つこととなるのである。

　図10-3は、これらの農山村資源を、「農村コミュニティ」が支えていることを示している。農村コミュニティは、農山村地域社会を維持し、そこに地域住民が住み続けるために必要な活動であり、いわば、農山村地域の自治力ともいえるものである。例えば、道路や水路の清掃作業、防犯防災活動、共有林やため池の管理、集会所の管理、運動会・お祭り、季節行事の開催、葬祭時の相互扶助、共同利用の施設管理などは、集落を単位とする地域住民の共同活動である。これらの共同活動を通して、住民同士の連帯感、すなわち自治力が育まれる。

　農村コミュニティは、もちろん地域住民が主役となるのであるが、それを支える地方自治体をはじめ、土地改良委員会、農協、森林組合などの関係機関・団体も密接に関わるものとなる。

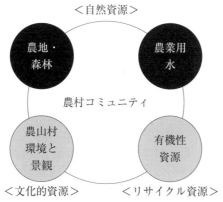

**図10-3　農山村資源の分類**
資料：農林水産省『食料・農業・農村白書（平成21年度）』p117を基本に作成。

## 3. 農山村地域における地域資源の活用

　農山村地域である中山間地域は、総土地面積の7割を占め、農地面積と農業産出額はともに全国の4割を占めている[5]。つまり、農山村地域で営まれる農業、すなわち地域産業としての農業は、食料生産と地域資源の維持・存続の両面で重要な役割を担っている。

　しかし、多くの農山村地域は、傾斜地を抱え、棚田のような小区画のほ場である場合が少なくない。そのため、大型機械の導入や農地の集約化は困難であり、平場に比べて不利な営農条件にある。また、野生鳥獣の生息地となる山林と農地が近接し、鳥獣被害も受けやすい。

　しかしながら、農山村地域は、標高差などの自然条件を活かして多様な品目を生産することも可能である。加えて、第9章にみたように都市生活者を引きつける田園風景や食文化などは、彼らのレクリエーション活動としての大切な舞台にもなっている。すなわち、地域産業として、規模拡大のみではなく収益力のある農業を実現出来る可能性を秘めているのである。

　例えば、葉っぱ（つまもの）を中心にした新しい地域資源を軸に地域産業を展開した徳島県上勝町はその典型的な事例である[6]。上勝町は、徳島市中心部から40 kmあまり、勝浦川上流の典型的な山間地域に位置する人口1,552人、高齢化率52%の地域である（2018年12月現在）。もともとは花きの産地であり、簡易なハウスで枝物を卸売市場に出荷する小規模産地であった。ひとりの農協職員（現・株式会社いろどり代表取締役社長）が、その花きの小枝が高級料亭で盛り付けに珍重されていることに着目し、これらの小枝を「彩（いろどり）」と名づけて、料亭用に直販や市場出荷したのが「いろどり農業」のスタートである。

　葉っぱ（つまもの）は、日本料理を美しく彩る季節の葉や花、山菜などであり、これらは軽量であることから、地域の女性や高齢者が積極的に取り組むこととなる。彼女たちは、パソコンやタブレット端末を使い「上勝情報ネットワーク」から入る全国の市場情報を自らが分析・出荷する情報システムを積極的に活用している。

　また、その商品づくりには、徳島市内などの高級料亭、民間企業や企業コンサルタントなどからの指導・サポートを受けるなどの異業種との連携・ネットワークづくりも積極的に展開し、現在の売上高は2億6,000万円、生産者のなかには年収1,000万円を稼ぐ高齢者も存在する産業規模となっている。

　上勝町の事例を踏まえると、農山村資源の活用に関して、次の諸点が重要であることが理解できる。

　第1は、農山村資源の活用には、3つの動態的過程[7] をもっていることである。そのひとつは、農山村資源を探し出す探索過程である。この事例では、花きの小枝が料亭で使われることに農協職員が気づき、未利用な地域資源を見つけ出したことである。ふたつは、探索した地域資源の質と量を拡大する過程である。いろどり農業が、高齢者や女性に適した品目であったこともあるが、「上勝情報ネットワーク」のように彼女たちが自らの販売に関われるステージをつくったこともその拡大に繋がっている。そして3つは、こうした探索・拡大された農山村資源の適正な配置と利用を調整する組織・機能の革新過程である。高齢者や女性をサポートする組織・機関は、当初の農協から、現在の第三セクターである株式会社いろどりに、機動性を高めるために組織・機能も大きく変革してきているのである。

　第2は、未利用資源の活用、とりわけ探索過程に関しては、"地域ならでは"のもの、地域固有性を重視したことである。この事例では、当地域は標高差があることから多様な色や種類の葉などが栽培可能であり、年間を通して320以上のつまものを出荷している。こうした地域固有性は、今日、さまざまな分野で共通化や統一化が進むなかでこそ求められている要素である。

　第3は、拡大・組織革新の過程においても、イノベーションや他の主体との連携・ネットワークが重要である。花きの枝物が高級料亭において料理の飾りとしての需要があり、商品として販売可能であると着眼したことが出発点であるが、その後、商品開発・販売のために、地域外での異業種交流を積極的に進め、情報システムなどの新しい取り組み（イ

ノベーション）に果敢に取り組んでいることを見逃してはいけない。農山村地域はたしかに不利な営農条件下にあるが、この事例のようにそれを逆手にとって地域資源を活かすことで、地域固有の収益力のある農業を実現できる可能性を有している。

## 4. 未利用資源の新たな活用による地域産業の動き

農山村資源の活用には、大きくふたつの方向を含意しているといえる。第1は、農山村地域で培われてきた地域資源を、今後どのように維持していくか。すなわち、農山村資源の維持・存続の方向である。これは、地域産業としての農林業の維持・存続であるともいえる。そして第2は、まだ利用していない、農山村地域に賦存する未利用資源を探索し、拡大していく、すなわち、農山村資源の探索と拡大の方向である。これは上勝町の事例のような地域産業の展開や、第9章でみたような農山村レクリエーション活動が参考になろう。

そして今日、未利用資源の新たな活用として、わが国の国土の広い面積を占める農山村地域の水、太陽光、バイオマスなどの地域資源を活かした再生可能（自然）エネルギーとしての地域産業の動きがみられる。

わが国の「長期エネルギー需給見通し」では、2030年度に総発電電力量に占める再生可能エネルギーの割合を現在の16％程度から22％～24％程度に高めることが示されている。農山村地域に賦存するこうした地域資源への関心と注目は高まりつつあるといえよう。

例えば、農業用水路を活用した小水力発電や、支柱により農地の上部空間にソーラーパネルを設置し、農作物と太陽光を分け合うことで農業生産と発電を同時に実現する営農型太陽光発電、いわゆるソーラーシェアリング[8]などは、農業用水や農地、いわば基礎的な地域資源の新たな活用である。また、森林の林地残林や製材工場から出る木くずなどを発電やペレット化する動き、さらに家畜排せつ物や生ゴミを原料に発生したバイオガスによるエネルギーの生成などの動きである。

ただし、これらの新しい動きは、必ずしも農山村地域が資源の上流に舞い戻ることを意味しているとはいえない。現在、進みつつあるもの

は、地域に密着した小規模分散型の発電システムなどが多く、それはエネルギーの地産地消を基本としている。今後、農山村地域において、複合的な再生可能エネルギーの利用とその自給が進めば、地域に新たな就業機会を提供し、都市から農山村地域へ人が向かっていくことになるかもしれない。今後の農山村地域における未利用資源の動きを注視していきたい。

### 》 注

1) わが国の木材自給率は、2002 年の18.8 ％を最低として、近年は上昇し2016 年は34.8 ％となっている。

2) 山の木材などの流れとしての捉え方は、中島　大『小水力発電が地球を救う』東洋経済新報社、pp.12〜15、2018 年による。

3) 目瀬守男『地域資源管理学（現代農業経済学全集・第20巻）』明文書房、1990 年による。

4) 永田恵十郎『地域資源の国民的利用（食糧・農業問題全集）』農山漁村文化協会、1988 年による。

5)「平成27 年耕地及び作付面積統計」「平成27 年生産農業所得統計」による。

6) 株式会社いろどりの「いろどりストーリー」（https://www.irodori.co.jp/asp/nwsitem.asp?nw_id=2）などによる。

7) 動態的過程については、稲本志良「地域農業の新しい環境と活性化の課題」『地域農業の活性化戦略を問う−21世紀を見据えて』家の光協会、p7、1998 年を参照としている。

8) ソーラーシェアリングについては、田畑　保『農業・地域再生とソーラーシェアリング』筑波書房、2018 年が詳しい。

### 【学習のポイント】

[1] 農山村地域が直面している課題や問題を整理しておこう。

[2] 農山村地域をめぐる環境がどのように変化しているのかを考察してみよう。

[3] 農山村資源を活用して成果を上げている事例を調べてみよう。

166

**【さらに学習を深めたい人へ】**

[1] 藻谷浩介・NHK広島取材班『里山資本主義－日本経済は「安心の原理」で動く』角川書店、2013 年

[2] 中塚雅也『地域固有性の発現による農業・農村の創造』筑波書房、2018 年

### ティータイム

## 農山村地域での資源（宝物）づくりのすすめ
－資源（宝物）を見つけ（探索）、宝物を磨きかける（拡大）、新しい組織（組織革新）で－

　農村資源開発論研究室は、2010年から福島県石川町（おもに山橋地域）と連携した農村活性化プロジェクトを展開している。そのなかで、当地域の魅力を伝える資源として研究室が地域資源探索活動を通して発見したものが、田んぼや畑にころがる大きな石ころである。研究室では、この大きな石ころの多さに着目、農山村散策マップの案内役として「石ころ多」を登場させた。現在、石ころ多は、地域の人たちに愛されるキャラクターとして、多方面で活躍している。また、石ころ多をモチーフとした石ころチョコ、ぬいぐるみなど多彩な関連商品も地域住民組織をつくり開発している。そして現在、田んぼにある石ころに動物を描く「野外動物園づくり」へと取り組みは拡大している。

ご当地キャラクター　　　石ころアート・野外動物園
「石ころ多」

　農山村地域にはわれわれがまだ知らない資源（宝物）が沢山ある。農山村地域に出かけ、石ころなどの地域に根ざした宝物を掘り出し、現地の人たちとともに磨きをかけてほしい。ただし、農村活性化や地域づくりの主役は、あくまでも現地の人たちである。われわれがせっかく見つけた宝物も、地域の人たちとともに磨きをかけなければ輝かない。現地の人たちと一緒に、地域の未来を照らす価値ある宝物にしていくこと、それが農山村地域での宝物づくりなのです。

## 11 | 海外における地域産業の展開事例・オランダ　（ケーススタディ）

宮部和幸

　農業・食の分野で世界をリードし、農産物輸出額はアメリカに次ぐ世界
第2位を誇るオランダ。その牽引役となっている産官学連携による農業・
食の「知と技」を集積・活用した地域産業「フードバレー」と「グリーン
ポート」の展開事例について説明する。

《キーワード》　オランダ、知と技、集積と活用、産官学連携、ゴールデ
ン・トライアングル

## 1. なぜ、オランダなのか

　オランダは、九州とほぼ同じ国土面積で、人口1,700万人あまりの小
国でありながら、農産物輸出額はアメリカに次ぐ世界第2位を誇る農
業・食品大国である。そして、オランダの農業・食品大国を牽引してい
るのが、たゆまぬイノベーションに裏打ちされた産官学連携による食の
「知識と技術」（知と技）を集積・活用した地域、すなわち、「フードバ
レー（Food Valley）」と、園芸農業の「知と技」を集積・活用した6つ
の地域、「グリーンポート」（Greenport）である。

　わが国でも、こうしたフードバレーやグリーンポートは、ともに特定
な地域への産業集積、産業クラスターの革新的な取り組みとして、また
イノベーションを生み出す産官学連携の先行的モデルとしても関心を高
めてきている。とりわけ、フードバレーは、地域資源の活用や6次産業
化を推進する関係主体間の連携の仕組みづくりとしても地方自治体から
注目を集めている。グリーンポートもまた、施設（温室Greenhouse）園
芸内の温・湿度、光、二酸化炭素濃度、培養液などの環境条件を制御
し、周年・計画生産を可能とする次世代園芸施設システムによる新しい

**写真11-1　施設園芸（ガーベラ）**

地域産業の展開として脚光を浴びてきている。

　本章では、こうした注目と関心が高まるオランダのフードバレーとグリーンポートとはどのようなものなのか、地域産業としてのフードバレーやグリーンポートが成立した背景やその特徴を述べよう。もちろん、オランダと日本では、農業・食品産業構造をはじめ種々の側面において様相が大きく異なっており、フードバレーやグリーンポートの成立条件をそのまま日本に当てはめるわけにはいかない。しかし、オランダのこうした地域産業の取り組みから、関係主体の連携やネットワークには何が必要なのか、われわれは、新たな視点を見い出すことができよう。

## 2. 農業・食品産業大国のオランダの姿

　オランダは、日本よりも農地面積が少ないにもかかわらず、農産物の

一大輸出国で、加工貿易も盛んである。農業・食品産業は、GDPのおおよそ10％を占める規模であり、国内主要産業となっている[1]。

　農業は種苗、農薬、農業機械などの生産資材、卸売市場など輸送・貿易を含め、巨大なアグリビジネスを形成している。特に畜産部門、花きや野菜の園芸部門は資本および知識集約的であり、国際的なコスト競争が進むなかで、農業経営体は規模拡大を進め、施設園芸の平均面積は2ha、日本のほぼ10倍の規模である。オランダの農業は、地域的な集中化と専門化を進め、機械化・省力化を並進させながら、環境問題に向き合いつつ、高い生産性と付加価値生産を実現してきている。

　なかでもオランダ農業を先導するのが施設（温室）園芸である。施設園芸は、高度化された生産システムを構築し、トマトやパプリカ、キュウリなどの施設野菜は、いわゆる太陽光利用型植物工場で栽培されている。温室施設では、トマトやパプリカなどの野菜を生産するだけでなく、燃費の良い天然ガスを利用した大型発電装置を設置して、電気も生産しているのである。それは施設内の加温に必要な温水や生育に必要な二酸化炭素を確保するとともに、余剰電力を電力会社に売電もしている。近年の天然ガスの高騰を受けて、地熱を利用した発電や温水確保、工場地帯から排出される二酸化炭素の利用促進などの新技術の導入も進んでいる[2]。

　農産物の輸出総額824億ユーロ（2015年）は、日本のほぼ25倍の規模であり、EU圏内を中心に多くの国々に、野菜・果実、食肉・肉製品、ビール、チョコレート、デンプン製品、花きなどの農産物・食品を輸出している。また、熱帯産品などの原料を輸入し、オランダ国内で製品化し再輸出する品目も多い。オランダの年間輸出総額の20％がこうした農産物・食品関連で占められており、オランダ経済を牽引している。

　さらに、ドイツ、フランスなどと地続きでアクセスが容易なうえ、ヨーロッパの海の玄関口であるロッテルダム港や、ハブ空港としてのアムステルダム・スキポール空港を擁しているなど、オランダは交通の要衝でもあり、海外企業がビジネスを行いやすい環境にある。このため、世界を舞台に活躍するグローバル食品企業がオランダに集積しているこ

とも見逃せない。食品、洗剤などの400以上のブランドをもつユニリーバ（Unilever）、ビールのハイネケン（Heineken）、チーズ等乳製品のフリースランド（Royal Friesland Campina）など、世界の食品・飲料市場上位25社のうち3社がオランダに本部を構え、9社がオランダに主要な生産拠点やR＆D（研究開発）施設を構えている。

　あわせて、食品加工分野においては、こうした巨大企業だけでなく、国内5,300社以上もの多数の中小規模企業（従業員200～500人）が併存しているのも特徴である。これら中小規模を含めた農業・食品産業分野における企業のR＆D投資率（対GDP）の高さは、ヨーロッパで第2位を誇り、最先端の研究開発が進められている。

## 3.　フードバレーとグリーンポート

### （1）フードバレー

　フードバレーは、こうした農業・食品産業大国オランダの、首都アムステルダムから南東85 kmに位置するワーヘニンゲン（Wageningen）にある。フードバレーの名称は、コンピュータ産業の集積地であるアメリカ・カリフォルニア州のシリコンバレーに由来しており、農業・食品・健康をテーマとした専門知識の集積地を意味する。その集積地の中心にあるのが、農業・加工食品分野に強みをもつワーヘニンゲン大学である。

　ワーヘニンゲン大学は、1918年に開校され、農業技術、食品加工において広範な知識集積と長年培ってきた実績を有する農業技術・食品科学、動物科学、環境科学、植物科学、社会科学の5学部を擁する大学である[3]。同大学は各学部に準ずる研究機関を有したワーヘニンゲンUR（University and Research-Center）を構成している。ワーヘニンゲンURは、大学と市場・実用志向の高い9つの研究機関が協力体制を組んだもので、基礎研究から応用研究、さらに実用研究まで取り組んでいる。

　フードバレーには、このワーヘニンゲンURを中核として、現在、集積している食品企業は約1,500社に及ぶ。オランダに本社を置くユニリーバ、フリースランドはもちろんのこと、国外の大企業からベン

チャー企業に至るまで多様な食品企業を擁しているほか、70の基礎化学企業も進出している。ここにはおよそ1万人を超える研究者等が農業・食品分野で最先端の研究活動に従事している。

このヨーロッパ最大の農業・食品研究開発クラスターであるフードバレーは、1997年、ワーヘニンゲンに産学が一体となった食品開発拠点の食品科学センター（Wageningen Center for Food Sciences　WCFS：現 TIFN）が設立されたのを起点としている[4]。

翌98年、オランダ農業省（現：経済・農業・イノベーション省）は、ワーヘニンゲン大学とオランダ農業省研究所を統合、ワーヘニンゲンURを再編し、農業・食品に関する基礎から応用研究に向けての研究基盤がワーヘニンゲンに形成した。これらを中心に農業・食品・健康をテーマにしたさまざまな研究が開始され、研究者同士が顔の見える情報交換を活発化させていくうちに、食品企業は自社内研究よりも、ワーヘニンゲンでの研究のほうが、質が高く、かつコストを抑えて開発研究ができることから、各食品企業の研究所がワーヘニンゲンへ移動を始めたのである。

2000年代に入ると、オランダ政府は、こうした動きを受けてフードバレー構想を打ち出し、PR活動や企業誘致活動を行うとともに、研究インフラ整備や共同研究プロジェクトに巨額の予算を投入する。2004年には、こうした地域的集積をより一層促すために、ワーヘニンゲンに「フードバレー財団」を設立し、①企業と研究機関、企業同士をマッチング・仲介、②さまざまな革新的プロジェクトの支援及び技術移転、スピンオフや起業を促す新企業・会社の支援、③農業・食品分野の「知と技」を集積するためのコミュニティや経済環境・基盤づくり、④国際会議や展示会におけるフードバレーや活動成果紹介などのプロモーションなどが進められる（図11-1参照）。

やがてフードバレーから数々の新製品開発が発表されると、多くの食品企業が世界中からフードバレーに進出し、農業・食品をテーマとした専門知識の集積はますます拡大、かつ深化するとともに、新たな食品企業が誕生するなど、イノベーション創出のための一大集積地となっていった。

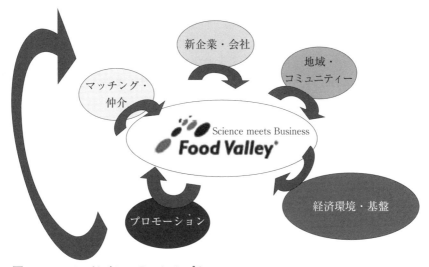

**図11-1　フードバレーのコンセプト**
資料：C. Crombach, J. Koene, W. Heijman,From 'Wageningen City of Life Sciences' to 'Food Valley', *Pathways to High-Tech Valleys and Research Triangles,* WUR Library, p304, 2008に一部加筆


**（2）グリーンポート**

　オランダ政府は、園芸農業分野のサプライチェーン内での知識と技術の活用の促進を図る、種苗・育種、栽培、農薬、温室、エネルギー、販売・物流、金融・ファイナンシャルなどに関連する企業・団体や研究機関に、地方自治体が参加する集積地、いわゆる「グリーンポート」（Greenport）を国内6つの地域に展開している。

　EUの市場統合が本格化した1990年初頭から、オランダの経済社会は、グローバル化のうねりを受けながら大きく変貌した。とりわけ、オランダの園芸農業は、スペインやポルトガルの廉価な農産物に脅かされるようになった。これに危機感を覚えたオランダ政府は、弱まりつつある自国農業を産業として強化することを国家戦略として位置づけ、政府主導でトマトやパプリカなどの主要な生産品目を選択し、農地の集約化を図る、いわゆる「選択と集中」を推し進めた。特定化された園芸生産地域において産業育成と研究開発を進め、それが後のグリーンポートと

呼ばれる地域産業クラスターの形成につながっていく。

　この地域産業クラスターは、マイケル・ポーター（1990 年）[5] によって示されたネットワークが利益を生み出す理論に依拠し、オランダ政府は、特定産業の競争力強化のために積極的にクラスターを導入、施設園芸農業の場合、その中心となるクラスターが、このグリーンポートなのである。

　グリーンポートは、そのトップを当該地域自治体の市長などが担い、生産に関わる農企業（農業経営体）を中心として、生産資材・施設、加工・販売、研究・開発・普及、金融・会計などに関連する企業・団体組織の産官学連携として、新しい園芸技術や施設などの導入・実験などの課題に取り組むとともに、環境（光汚染、洪水リスク、省エネルギー）と物流（道路、ハブ、渋滞）に関連する地域計画課題にも取り組む地域産業クラスターである。

　図11-2は、6地域のグリーンポートを示したものである。例えば、ウェストランド・オオストランド（Westland-Oostland）は、国内最大の施設園芸（野菜・花き）地域であり、生産、流通・貿易の中心的な地域である。そのため施設園芸に関連する生産資材、販売、金融・会計などの数多くの企業・団体、研究機関が本地域に集中している。

　またアールスメール（Aalsmeer）は、花きと植物などの生産が盛んであり、スキポール空港に近接する卸売市場（オークション）は物流拠点としても重要な地域となっている。花きを中心として、種苗・育種をはじめ物流などの関連企業・団体などが集中している。さらに、北ホランド・ノールト（Noord-Holland Noord）は、広大な生産地を有している地域であり、園芸以外にも漁業や畜産業が盛んである。特に種苗・育種はシード・バレー（SeedValley）ともいわれるように関連企業・団体、研究機関が本地域に集積している。

　そして、これら特徴の異なる6地域のグリーンポートを支援・コーディネートする組織・団体として「グリーンポート・ホランド（Greenport Holland）」が政治政策都市のデン・ハーグ（Den Haag）に置かれている。

　グリーンポート・ホランドは、大きくふたつの役割を担っている。そ

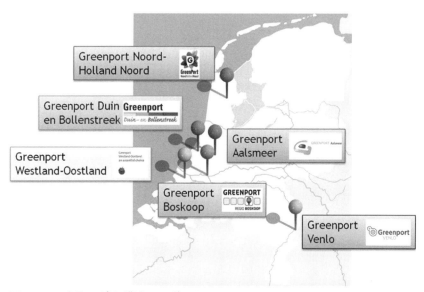

**図11-2　オランダのグリーンポート**
資料：https://greenportholland.com/zes-greenports

のひとつは、園芸栽培・技術、品種改良・育種、商品開発、流通・貿易、人材育成などの園芸農業に関する知識と技術の集積化の促進であり、もうひとつは、6地域のグリーンポートの連携の強化、知的交流活動の活発化、他の企業・組織団体の誘致などを通した付加価値の構築である[6]。

　特定化された地域のグリーンポートは、園芸農業に関する多様な事業者へのアクセスが可能なために、農企業（農業経営体）にとっても、実需者ニーズを的確に把握し、生産上の課題を迅速に解決するための情報も容易に入手することができる。

　ただし、こうして地域を特定化することは別の問題も孕んでいる。温室などの施設を設置する地域は、政府によってグリーンポート管内に指定されており、また、施設内では特定の野菜などの生産以外の活動に取り組むことができない。これは面的な生産の拡大を抑制しており、現在、地価の低下につながってきている。

## 4. 連携・ネットワークの仕組み
### －オランダの地域産業から何を学ぶか－

### （1）連携・ネットワークの特徴と課題

　こうした地域産業としてのフードバレーとグリーンポートにおける共通的な特徴（強み）としては、次の3点を指摘することができよう。

　第1は、あくまでも農企業や食品企業である私企業のビジネス需要を基本とした「ゴールデン・トライアングル」ということである。フードバレーもグリーンポートも、いずれも産官学の緊密な協力体制、すなわち、図11-3に示すゴールデン・トライアングルを構築している。

　ゴールデン・トライアングルとは、民間企業（産）、政府（官）、研究機関（学）の3者間の協力体制のことであり、この3者間で共通ビジョン（プロジェクト・課題）を構築し、多年度にまたがる協定と、3者による財政的負担、事業（ビジネス）と研究などの結合を意味する[7]。そして、このトライアングルの中心であるプロジェクト・課題には、企業のビジネス需要を基本に据えている。それは、例えば、フードバレーのように「科学とビジネスとの出合い（Science meets Business）」をコンセ

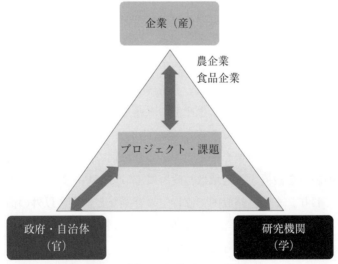

図11-3　産官学連携のゴールデン・トライアングル

プトの基本としているように、ワーヘニンゲンURをはじめ、公的な研究機関でさえも、基礎研究だけでなく、応用・実用研究に傾注しており、いずれも事業化を見据えた産官学の連携・ネットワークとなっていることである。

　第2は、顔の見える情報交換の場となっており、そのことが知識や技術の活用とイノベーション創出の場になっていることである。フードバレーでは、ワーヘニンゲンURの研究以外にも、公的・私的の研究機関が、農業・食品に関する基礎・応用研究を実施している。そこでは、種苗企業から食品加工企業まで、また分野も園芸、畜産、乳業、水産など幅広くカバーし、最新鋭の機械設備とともに専門研究者が、お互いに顔の見える情報交換を行っていることである。このことが、食品企業がフードバレーに集積するインセンティブと、ひいてはR&D関連費用節減にもつながっているといえる。

　また、グリーンポートでは、地域が特定化されたなかでの複数の企業や組織団体、研究機関や自治体による連携が行われる。ここでは、関係者のほとんどが同じ地域内の園芸農業関連に従事しており、例えば、子どものサッカーチームまでもが一緒のように、物理的にも密なコミュニティーが形成されている。日常的に顔の見える情報交換の機会の多さは、相互の信頼関係を向上させ、連携間でのさまざまな連絡・調整コストを抑えることで、各種のプロジェクト・課題の取り組みをスムーズにさせるのである。

　また、グリーンポートでは、大規模化、効率化した温室環境が整備され、ICTにより再現性の高い、均一的な生産が行われているが、高品質でかつ高収量生産を左右するのは、やはり技やコツといった暗黙知的な情報である。通常、これらの情報は、われわれ人に体化されており、切り離すことができないものである。したがって、日常的な、顔の見える情報交換の場こそが、「知や技」の集積と活用を進めやすいことにも着目しておかなければならない。

　第3は、連携・ネットワークのための多様なプラットホームづくりとコーディネーターを務める「フードバレー財団」や「グリーンポート・

ホランド」の存在である。フードバレー財団の場合、企業と大学等の研究機関、オランダ政府が会員として加盟し、セミナーや各種イベントの開催、企業間交流による多様なプラットホームづくりに取り組んでいる。グリーンポート・ホランドの場合は、また、各地域間での連携を強化するための知的交流の活発化活動、新たな企業や組織を誘致するなどの各ポート（地域）でのプラットホームづくりにも積極的に取り組んでいる。

さらに、こうしたコーディネート組織に対する政府の支援及び政策の後押しも見逃せない。オランダのイノベーション政策は、園芸と育種を含む主要な特定分野に向けられ、生産の効率性、食品の安全性と食料安全保障、健康と価値創造に焦点を当てており、フードバレー財団やグリーンポート・ホランドの諸活動を全面的に後押ししているといえる。

しかし、こうした特徴（強み）をもつフードバレー、グリーンポートにも、次のような弱みをもちかねない[8]。そのひとつは、産官学連携のゴールデン・トライアングルにおけるイノベーションのイニシアチブ問題である。かつてのオランダのゴールデン・トライアングルは、EER triptuch と呼ばれる教育（Education）、普及（Extension）、研究（Research）を一体的に運用する仕組みを指しており、そこでのイノベーションのイニシアチブは政府にあった。そのためイノベーションの成果は、誰でも無料で自由に使える、フリーアクセスであったといえる。しかし、産官学連携によるゴールデン・トライアングルは、政府（官）のウエートが弱まり、ややもすれば民間企業（産）がそのイニシアチブを取りやすい可能性が高くなるのである。民間企業主導によるイノベーションは、企業の自己資金で開発され、その成果が企業内部に囲いこまれ、他に利用できなくなるケースが少なくない。そのことが、結果的にはイノベーションを次から次と生み出すスピードを減速させる可能性もある。

もうひとつは、顔の見える情報交換の場の近接性問題である。緊密で、隣近所的な情報交換では、顔見知りのなかでの思考や議論に終始されがちとなる。そこでは、他の産業分野やあるいはその他の地域、さらには国外での新たな知識や技術、イノベーションを探索するという動機

さえも失われてしまう危険性を伴っているのである。

## （2）産官学の連携・ネットワークの条件

　では、こうした弱み（懸念）をもちやすい産官学連携によるフードバレーやグリーンポートが、なぜオランダで成立・展開することができたのだろうか。特に、産官学の関係主体間の連携やネットワークに着目すれば、次の諸点を指摘することができる。

　第1は、自助（self-help）を基本とした明確な責任分担による連携やネットワークということである[9]。個々の自助意識は強く、各主体がフードバレーやグリーンポートの中で、明確な責任分担の下、連携・ネットワーク化されている。その背景にオランダでは、政府が仲介者（ファシリテータ）となって利害関係者（ステークホルダー）が話し合い、立場の違う者が広く問題状況を受け入れ、それぞれが歩み寄って対策を生み出すという、オランダ独特の社会経済システム「ポルダーモデル」（「ポルダー」は干拓地の意味）が浸透していることがあげられる。

　ポルダーモデルの好例が、ワークシェアリングであるが、労働者・企業・政府の3者が協議して、お互いに痛みを分け合う政策パッケージを作成し、これに3者が合意して多様な制度改革（賃金抑制、所得減税、社会保障制度改革、労働法改革）を実現し、パートタイム労働者の増加と均等処遇を実施してきたことはよく知られている。

　フードバレーやグリーンポートにおける関係主体の連携・ネットワークにも、これが根底に流れており、フードバレー財団やグリーンポート・ホランドをはじめとした6地域のグリーンポートのコーディネート機関がファシリテータとしての責任を果たしながら、企業、研究機関それぞれが自助を基本として連携・ネットワークしている姿をみることができる。

　第2は、その自助と連帯（solidarity）にネットワークは協働活動を基盤としていることである。彼らの組織行動はわれわれ日本人とは大きく異なる。彼らは最初にアクションがあり、そして問題や課題が発生すれば、その対処法を検討する。それに対して、日本では、最初に発生する

のであろう問題や課題を抽出し、その対処法を準備した後で行動に移す。このように彼らの組織行動は極めて行動志向であるため、さまざまな変化に迅速に対応する柔軟性（フレキシビリティー）をもち得ているともいえる。

　しかし、フレキシビリティーがあるからといって、彼らの組織や連携がノード（結節点）を度々変更したり、緩やかなつながりであるというわけではない。ここがオランダの組織や連携・ネットワークの神髄であろう。

　グループや組織内の帰属意識、いわゆる仲間意識は極めて高く、彼らは人的ネットワークのつながり方や関係性を重視している。このことは、一度結んだ連携・ネットワークは保持し、協働活動によって、その連携・ネットワークをより高めていくことに力を注ぐことを意味している。そのためには、各主体が自助と連帯による協働活動を基盤とした連携・ネットワークでなければならない。個々の自助意識は強く各主体がフードバレーやグリーンポートによって組織化されることで、合理的に解決していこうとする志向を生み出し、相互に研究意識とイノベーション意識を高めうる学習組織として機能しているのである。

　第3は、外に開かれたオープン性をもった連携・ネットワークということである。オランダの農業・食品産業は、輸出産業として発展してきたという歴史的経緯から、絶えず他国の市場動向に目を配り、国際競争に打ち勝つという精神が貫かれてきた。このため、新技術は個人や企業や地域の秘密にするのではなく、積極的に外部へ公表し、それによってオランダ全体の技術開発力を高めるというオープンな政策をとってきた。

　フードバレーにおいては、新技術、ノウハウなどは、積極的にプロジェクト内部、さらには他のプロジェクトなどにもその情報を公開する。それによって、フードバレー全体の研究開発力を高め、イノベーション等の一層の進展に連結させている。また、6地域のグリーンポートも、グリーンポート・ホランドが中心となって同様な取り組みが行われている。これらのことは、多様なプロジェクト同士、地域同士、ま

た、企業や研究機関などとの連携を図る装置が整備されていることにも密接に関連している。

　通常、集積の経済（Economies of agglomeration）と呼ばれる外部経済効果は、市場への地理的近接性による費用最小化や、ユーザーが一度購入（利用）すると他のものへ乗り換えなくなるという、いわゆる「ロックイン効果」を生み出すものでもある[10]。そのため、集積の初期段階では、新たな主体を引き寄せるといった正の効果を生み出すが、徐々に、その集積の変化あるいはイノベーションを阻害するといった負の効果を及ぼす可能性も潜んでいる[11]。したがって、連携・ネットワークは、その従来の枠を超えて、さまざまな情報が流通するネットワークを準備しておく必要が生じてくる。オランダのフードバレーやグリーンポートが、常に外に開かれた連携・ネットワークを目指している理由はここにあるのである。

　さらに外に開かれた連携・ネットワークは、地域内や国内にとどまらず、より外に向かっていかなければならないことも強調される。通常、イノベーションにつながる有益な知見や情報は、顔見知りのみからでは十分に得られず、遠距離交際のような相手からの情報が良いとされる[12]。それは隣近所からの情報ではなく、物理的にも遠く離れた情報のほうが、バイアスがかからず、新鮮でかつ良質な情報のケースが多いからである。フードバレーやグリーンポートは、常にオープン性を持ちながら、出来るだけ遠くに開かれた連携・ネットワークを指向することが、地域産業としてのこれからの展開を左右するのである。

## 》注

1) オランダ政府の貿易ホームページ（https://www.hollandtradeandinvest. com/key-sectors/agriculture-and-food/agrifood-facts--figures）による。

2) 施設園芸の農企業の最近の動向は、ビユンテ フランク・宮部和幸「野菜サプライチェーンと農企業－オランダにおけるイノベーション」小田滋晃・坂本清彦・川崎訓昭・横田茂永編著『次世代型農業の針路「農企業」のムーブメント―地域農業のみらいを拓く』昭和堂、pp.141-153、2019年による。

3) ワーヘニンゲン大学のホームページ（https://www.wur.nl/en/About-Wageningen.htm）及びWageningen UR（2017）, *Annual report Wageningen University & Research 2017*による。

4) ワーヘニンゲン食品科学センター（WCFS）は発展的に解消し、現在の食品栄養学先端研究所（Top Institute(TI) Food and Nutrition）TIFN（http://www.tifn.nl/）に引き継がれている。フードバレーの設立までの動向については、C. Crombach, J. Koene, W. Heijman, From 'Wageningen City of Life Sciences' to 'Food Valley', *Pathways to High-Tech Valleys and Research Triangles*, WUR Library, pp.295〜311, 2008による。

5) Porter, ME(1990)., *The competitive advantage of nations,* New York: Free Press.

6) グリーンポート・ホランドのホームページ（https://greenportholland.com/greenport-holland）による。

7) ゴールデン・トライアングルについては、一瀬裕一郎「オランダ農業が有する競争力とその背景」『平成24年度海外農業情報調査分析事業（欧州）報告書』農林中金総合研究所、p51、2013年による。

8) 産官学連携のゴールデン・トライアングルの弱みについては、Jos Verstegen、Dirk-Jan Kennes、宮部和幸他「シンポジウムの記録：農業の競争力を強化する産学官連携の取組み―オランダと日本の経験から―」『農林金融』10月号第69巻、pp.37〜44、2016年による。

9) ステークホルダーでの協議を重ねて合意形成を図り、それぞれの責任において実施にあたる責任分担システムについては、久野秀二「関係主体のネットワークを志向する有機農業の展開：オランダの事例から」『農業と経済』臨時増刊4月、pp.40〜47、2009年による。

10) 集積の経済については、Porter, ME(1998) *On Competition*, Harvard Business School Press, 1998年（マイケルE.ポーター・竹内弘高訳『競争戦略論II』ダイヤモンド社、pp.86〜87、1999年）による。

11) 集積の効果については、石倉洋子・藤田昌久・前田昇・金井一頼・山崎朗『日本の産業クラスター戦略-地域における競争優位の確立』有斐閣、p224、2003年による。

12) 西口敏宏『遠距離交際と近所づきあい-成功する組織ネットワーク戦略』NTT出版、2007年による。

## 【学習のポイント】

［1］さまざまな地域で産官学連携への関心が高まっている。その背景を整理しておこう。

［2］地域で産官学連携が取り組まれている事例を調べ、その事例で直面している課題を整理しておこう。

## 【さらに学習を深めたい人へ】

［1］紺野　登『幸せな小国オランダの知恵－災害にも負けないイノベーション社会－』PHP新書、2012 年

［2］マイケルE.　ポーター・竹内弘高（監訳）『新版競争戦略Ⅱ』ダイヤモンド社、2018 年

［3］小田滋晃・坂本清彦・川崎訓昭・横田茂永編著『次世代型農業の針路「農企業」のムーブメント―地域農業のみらいを拓く』昭和堂、2019 年

**ティータイム**

## 産官学連携のトライアングルから産官学民のクアドルプルに

　オランダは、英語でThe Netherlands「低い土地」というように、国土の4分の1が海面よりも低い。そのためオランダは、常に水の脅威にさらされ、堤防や排水路をつくり、国土を開拓し、洪水などの自然災害と闘ってきた歴史を持つ。こうしたオランダの歩みは、変化への対応力や柔軟性に富む社会づくりを可能としてきたといえる。

　そして、今日のオランダもまた、産官学連携のトライアングルに市民・個人（民）を含めた産官学民連携によって、持続可能な社会づくりを目指している。それは、研究（Academia）、産業（Industry）、政府（Government）、市民社会（Civil society）の4つが連携・ネットワークを形成し、相互に影響し合いながら、新たな社会的イノベーションを創出する4重螺旋モデル（Quadruple helix model）である。同モデルは、従来の経済的な側面からでは解決できない複雑な社会問題の解決には有効とされ、さまざまな分野で導入が進んでいる。

© ResearchGate 2019

産官学民連携の4重螺旋モデル
資料：https://www.researchgate.net/

# 12 | 産業集積の実態
## − 地域学習とイノベーション −

段野聡子

　1980 年代以降、欧米では、大企業による大量生産体制の行き詰まり、産業空洞化の進展などを背景として、新しい産業集積に関する研究が注目されることとなった。ポーターなどの経済学者や経営学者が集積に関心を示し、経済地理学の意義を強調したことも、議論に広がりを与えることになったのである。

　これらの研究成果を受けて日本においても、産業集積の形成、維持、発展に関して、経済地理学、中小企業論、地域経済論、産業立地政策論など、さまざまな視点から研究がなされている。

　本章では、産業集積の形成、維持、発展に関するこれまでの先行研究について整理し、東広島市の産業集積の実態をみていくことにより、今後の日本の産業集積の発展について考察する。

　《キーワード》　産業集積、地域学習、イノベーション

## 1. 産業集積の主要概念

### （1）マーシャルの産業集積論

　地域的な産業集積に関する理論は、マーシャル（Marshall,1890）が『経済学原理』「第 4 編　生産要因　土地・労働・資本及び組織」「第 10 章　産業上の組織維持論　特定地域への特定産業の集積」において、集積の起源、歴史、技術革新の可能性など、産業集積に関する理論を登場させ、理論化を試みた。そして欧米では、1980 年代後半以降、「新しい産業集積」に関する研究が活発に議論されることとなる。

　マーシャルは、地域化産業について「特定の地域に集中された産業は、十分に正確な表現とはおそらくいえないと思われるが、通常地域化された産業と呼ばれる」[1] と論じ、ある特定地区に同種の小企業が多

数集積する同業種集積について取り上げ、その外部経済について論じている。ここに、外部経済とは、「産業の地域的な集中によって経済環境が変化し、その変化した環境を共有する企業、個人が受ける有形、無形のプラスの間接的効果をいう」[2]。

マーシャルは産業集積の形成について3つの要因を列挙している。まず、第1の要因として、自然条件をあげ、気象や土壌の性質、近隣あるいは水陸の便のあるところに鉱山や採掘場があることなどを述べている。その具体的事例として、シェフィールドの刃物業を取りあげ、その起源は砥石を作るための優れた砂岩があったためであると論じている。

第2の要因として、宮廷の庇護をあげ、宮廷には多くの豊かな人びとが集まるため、特に高級な財に対する需要が起こる。そして遠くから熟練した職人が集まり、またここで新たに訓練を受ける職人もあらわれると述べている。

第3の要因として、支配者による計画的な導入をあげ、支配者たちが計画的に遠方から職人を呼び寄せ、彼らを特定の町にかたまって住まわせる場合であると述べている。このうち第2、第3の要因については、熟練した職人の存在というものが非常に大きく、彼ら職人の存在を前提として、初めて産業の地域特化としての礎が確立されるものであると述べ、職人の移住も産業集積の形成において重要な要素であると指摘している。

このように、マーシャルは産業集積の形成について、自然的、社会的条件、歴史的事実など多様な要因を指摘している。

さらに、産業集積の利点についても論じている。まず、第1の利点として、産業集積内における情報伝達の容易性による、技術・技能の伝播の促進である。このことにより、技術革新が生まれ、その共有の資産は集積内部に蓄積されると指摘している。

第2の利点として、補助産業の発達や高価な機械の経済的利用である。すなわち、集積内における企業数が増加することにより、集積内の市場も拡大することとなる。このことは、補助産業の立地につながり、常に高度化した機械の稼働を促進させ、産業集積全体の効率化を図ることが

できる。第3の利点として、企業と労働者双方にとって有益な特殊技能
をもった労働者の労働市場の存在である。つまり、企業は特殊技能を有
している労働者を自由に選択できるような場所に依存すると述べ、一
方、労働者は、彼らの保有している技能を必要とする企業が多数存在し
ている市場を見つけ出せるようなところへ自然に集まるという。

　このようにマーシャルの集積論は、必ずしも体系的に述べられている
わけではない。いわゆる「比喩のなかで、企業のライフ・サイクル論の
一環として小規模企業の発展可能性を指摘」[3] している。一方、大企
業の停滞ないしは衰退の必然性についても述べており、現代の産業集積
研究にも適用できる指摘が行われている。

## （2）ピオリとセーブルの産業集積論－柔軟な専門化－

　アメリカは、第2次世界大戦以降長期間にわたり経済成長を維持して
きたが、1970年代から1980年代にかけて陰りをみせ、経済不振に陥る
こととなる。「1960年代のアメリカの生産構造は寡占体制を特徴とした
大量生産を基盤としていた」[4] のであるが、その大量生産体制が限界
を迎えるなかにおいて、ピオリ（Piori）とセーブル（Sable）が登場
する。

　ピオリらは、「今日みられる経済活動の衰退は、大量生産体制に基づ
く産業発展モデルの限界によってひき起こされた」[5] とし、大量生産
体制の危機を強調したのである。

　ピオリらは、技術的発展がいかなる経路をとるかを決定する短い瞬間
を産業分水嶺と名づけた。そして、この産業分水嶺においては、一見
まったく関係ないようにみえる社会的コンフリクトこそが、その後なん
十年かに及ぶ技術的発展の方向を決定すると論じ、その必要性を説い
た。その際、産業革命によって大量生産体制が支配的となった第1の分
水嶺に対して、今日われわれは第2の産業分水嶺を通過しつつあると述
べている。

　つまり、第1の分水嶺において姿を消したクラフト的生産体制への回
帰の必要性を強調し、新しい産業発展モデルとして「柔軟な専門化」と

いう概念を提唱したのである。この柔軟な専門化の組織的形態は4つの
ミクロ経済的調整機構から構成される。すなわち、①柔軟性と専門性の
結合、②参加の制限、③技術革新を推進する競争の奨励、④技術革新を
阻害する競争の制限である。

　この柔軟な専門化という概念は、「産業集積研究の活性化の先駆的研
究であるが、産業集積固有のメカニズムの解明という点では、不十分性
を残すこととなった」[6] と多くの研究者によって指摘されている。し
かし、ピオリらの理論は、サクセニアン（Saxenian, 1994）の『現代の二
都物語』などによって引き継がれ、今日においてもさまざまなアプロー
チから研究がなされている。

## （3）ポーターの産業クラスター論

　このような産業集積論に大きな影響を与えたのが、ポーター（Porter,
1999）の「競争戦略論」におけるクラスター理論である。ポーターによ
ると、「クラスターとは、特定分野における関連企業、専門性の高い供
給業者、サービス提供者、関連業界に属する企業、関連機関（大学、規
格団体、業界団体など）が地理的に集中し、競争しつつ同時に協力して
いる状態」[7] と定義している。この定義は、これまでのマーシャルや
ピオリらの「つながり」を重視した産業集積論から「競争」という視点
からアプローチがなされており、その意義は大きいものである。ポー
ターは競争の意義について、地域内に本拠を置く競争企業の競合関係
は、地域において高い評価を得たいという意識やプライドが、企業にモ
チベーションを与え、企業同士が切磋琢磨し向上すると指摘する。そし
て、この競争が起きる根底には、地域という限定された範囲の中におい
て、直接的に顔を合わせたコミュニケーション、個人や団体間における
ネットワークがあると指摘する。

　つまり、Face to Faceが学習の速度や生産性を高め、イノベーション
を加速し、新規事業の形成をもたらすと述べ、この競争が産業集積によ
る経済効果の最も重要な部分であると指摘するのである。

### （４）学習地域論と地域的イノベーション

　ポーターが重要視する学習に関しては、フロリダ（Florida, 1995）の学習地域論によると、「学習地域は知識を収集し、蓄積する機能を果たすとともに、知識などのフローを容易にしうる関連インフラを提供するものとして捉えている」[8]と述べており、グローバルで知識集約的な資本主義の新時代において、知識の創造と学習の拠点としての地域が重要となってきていると指摘している。また、イノベーションに関して、松原宏氏（2006）は近年では地域的イノベーションシステムが注目を集めているという。松原によると、地域的イノベーションシステムではローカルな枠組みでの企業間の協調や信頼関係、知識の共有などが強調されているという。そして、イノベーションが生まれてくる過程では、対面接触を通じた暗黙知による共有と交換が重要であると指摘する。さらに、その対面接触を多頻度で実現するためには、狭い空間に企業が集まっていることが有利であり、また地域での独特の仕組みが有効であると論じている。

　つまり、学習する地域がイノベーションを起こし、その根底には、暗黙知による情報の交流があると論じている。

　以上のように、産業集積は、さまざまな観点からアプローチが行われており、今後においても集積論の新たな展開が注目される。

## 2.　日本における産業集積の研究

　そもそも産業集積とは中小企業庁において「地理的に接近した特定の地域内に多数の企業が立地するとともに、各企業が受発注取引や情報交流、連携等の企業間関係を生じている状態」（中小企業庁2000）であると定義している。一般的には「ひとつの比較的狭い地域に相互関連の深い多くの企業が集積している状態」（伊丹敬之氏ほか1998）を指している。

　このような産業集積に関する研究は、「欧米での研究成果の影響を受けて、日本でも産業集積に関する研究が活発に行われてきた」[9]のである。植田浩史氏（2002）によれば、産業集積の研究が本格的に取り上げられたのは1980年代以降であると述べられている。しかし、小田宏

信氏（2012）は人文・経済地理学、地域経済論、中小企業論等において、産業集積と銘打たないものまで含めて70年から80年に及ぶ産業集積の実態研究や理論研究の蓄積があると指摘している。

　つまり、産業集積という用語を使用しているわけではないが、実態として産業集積に関する本格的な研究は、1970年代に入って高度成長の峠がみえ出したころから、経済地理学、地域経済論など、さまざまな学問からのアプローチが脈々となされていたのである。

　工業地理学の視点から、板倉勝高氏・井出策夫氏・竹内淳彦氏（1970）は『東京の地場産業』において、地場産業と零細産業、近在必要工業、機械工業の底辺産業の区別を行った。そしてこれを事例として、板倉ら（1973）は『大都市零細工業の特徴』において東京の地場産業が地方の地場産業との対抗関係にあることを指摘した。また、板倉勝高氏（1978）は『地場産業の町上、下』において、全国の地場産業の分布図を作成している。このことにより、全国各地にある、おびただしい数の地場産業が整理され、全国の地場産業の特徴が明確にされたのである。さらに、『地場産業の発達』（1981）において、地場産業の系譜を城下町工業など8項目に分けることにより、それぞれの成り立ちについての相違を検証したのである。そして、その相違を基に都市型と農村型に区分し、地場産業と農業社会との関係性について述べている。板倉によれば、地場産業産地は、相互扶助に支えられた強固な共同社会を構成しており、そこには人間と人間との結合があるという。そして産業はそれらを基盤として築かれており、これは、かつての農業における村落社会と同様であると指摘する。

　つまり、地場産業産地は相互扶助の上に立つ強靭な共同体であり、すなわち、地場産業の成立は地域社会の結合があってこそ築かれるものであるという。

　一方、山崎充氏（1977）は地場産業に共通する5つの特性という視点から、産業集積の形成について論じている。山崎によれば、共通する5つの特徴として、第1は、特定の地域に起こった時期が古く、伝統のある産地である。第2は、特定の地域に同一業種の中小零細企業が地域的

企業集団を形成して集中立地している。第3は、多くの地場産業の生産、販売構造は社会的分業体制である。第4は、地域独自の特産品を生産している。第5は、市場を広く全国や海外に求めて製品を販売しているという。

　1980年代に入ると、日本の産業構造は、通信技術の進歩、交通体系の整備などにより大きく変化した。この産業構造の変化を要因として、産業集積地域を類型化する研究や産地の衰退を背景として、産業の振興方策にする研究が多くなった。特に、産地衰退における基盤強化のための人的資源の確保や人材育成、新製品開発、イノベーションなどが多く取り上げられていくこととなる。

　関満博氏（1997）は産業空洞化の議論が深く拡がっているなかにおいて、地方の産業集積における技術集積の形成、技術の地域化の必要性を論じ、技術集積の三角形モデルを提示している。このモデルは、ひとつの製品を作り上げていく際に特殊技術、中間技術、基盤技術という3つに大別される技術群が積み重なり、相互に深い関係を形成していくことが重要であるというものである（図12-1）。

　関らの議論によると、基盤技術がしっかりしているならば、新たな産業が登場する際、基盤技術が新たな産業化の下支えとして重要な役割を果たすという。

　さらに、関ら（1998）は日本各地の産業集積は「地方工業」型集積と「大都市工業」型集積に分類されるという。前者はその地域に特別の原材料がある、独特の生産物が生産されてきたという場合であり、産出製品が同質的タイプ財の量産である。後者は、巨大な需要を内包する大都市に成立、発展する産業であり、多様な産業分野にまたがるが、かなりの規模の生産者集団を形成している場合である。この大都市工業型では高付加価値製品、特殊品の受注生産、多種少量生産などを基本的な属性にしてきたという。そして、『地方工業』と『大都市工業』が両輪となって、日本産業の『フルセット型構造』が形成されたと述べる。今後の地方の産業集積について、関は、大都市型工業への変換もしくは産業集積内の個々の企業が独自性を発揮し、新たな地域産業を生み出す必要

**図12-1　技術集積構造の三角形モデル**
資料：関満博『空洞化を超えて』日本経済新聞社、1997、p45より筆者作成

性を論じ、日本の産業集積の方向性を提唱したのである。

　一方、小原久治氏（1996）は地場産業・産地を全体として展望するためには、特定の類型化の基準を設け、かなり共通した産業的性格を有する地場産業・産地に類型化するという基本的な方法論が必要であると論じる。その類型化の基準として、11の基準を設け、その各基準の特徴をあげることにより、それぞれの類型に属する地場産業・産地を取り上げた。そして、代表的な地場産業・産地を踏査して実情を直視し、具体的事例に基づき官民一体化による地場産業の振興策を提示したのである。

　伊藤正昭氏（1997）は日本の産業集積について、地域特化の経済によって説明される典型的な例であると指摘する。伊藤によれば、産業集積地においては、特定製品を産出することが多いが、技術革新に力を入れたクラフト的伝統に基づいた多数の中小企業が地域内で分業し、協調的な企業間ネットワークを形成しているという。そして、同質的な地域文化によって信頼感が増し、対話やコミュニケーションもスムーズに行われると論じている。このような産業集積地では、企業は地域社会にうまく埋め込まれていると指摘し、地域文化、ソーシャルキャピタルの醸成などの観点から産地集積の優位性について論じている。

　さらに1990年代に入り、東アジアとの競争が激化するなか、かつて工業力を誇っていた日本の生産機能は海外に流出し、産業集積は解体の

危機に瀕すると、産業集積における研究は、グローバルな視点から理論的に解明しようとする動きが進んだ。

　清成忠男氏ら（1997）は日本の産業集積は自己完結型的に垂直統合を進め、大量生産体制を完成させた大企業が、いまや大組織の非効率性を示し始めたと述べ、巨大企業による徹底した垂直統合に決定的な問題があると論じる。清成らによると、産業集積の意義は、分業、連携が特定の空間・地域で実現したことであると述べ、多数の企業間での分業、連携が重要であると指摘する。

　一方、伊丹敬之氏ら（1998）は、産業集積の代表的な例として、日本の東京都大田区、イタリアのコモ地域、アメリカのシリコンバレーを取り上げ、比較、分析を行っている。いずれも狭い地域の中に巨大な数の企業が集積しているという共通点を有する。しかし、集積の継続性という観点からみると、日本やイタリアの産業集積は、つながり合うことにより機能を促進しているという。一方、シリコンバレーの産業集積は水平分業であり、競い合いにより機能を促進していると述べる。

　つまり、シリコンバレーの特殊性を強調し、新しい産業集積モデルとしてシリコンバレーを提示しているのである。これらの実態把握を踏まえて、集積継続の直接的要因を「外部市場と直接に接触をもつ需要搬入企業の存在」と「分業集積群の柔軟性」の2つをあげ、産業集積の継続の理論を確立させている。

　さらに、近年においては、空間経済学においても、産業集積の成長・発展メカニズムの解明に取り組む動きがみられる。與倉豊氏（2017）は、新しい空間経済学をめぐる主流派経済学及び地理学の議論を整理し関係づけることにより、産業集積のメカニズムを理論的かつ実証的に把握がなされている。

　以上のように、産業集積論における主要概念の整理を行った。産業集積に関する歴史的変遷を見つめ直すことにより、現代の産業集積が抱える課題を浮き彫りにすることができるものと考える。近年、「国際競争の激化など、集積をとりまく環境の悪化など、日本国内の多くの産業集積は危機的状況にある。こうした産業集積の崩壊をくい止め、再生の方

向性を明らかにしていくためには、産業集積の問題把握とともに、欧米
での新しい産業集積の経験を理解することが有用である。また、柔軟な
専門化と内発的発展を進める上で、新しい産業集積の形成が重要となる
のである」（松原2006）。

## 3. 広島県東広島市における産業集積の実態

### （1） 東広島市の概要

　広島県東広島市は、1974年に西条・八本松・志和・高屋の4町の合併
により誕生した。市制施行以来、加茂学園都市建設、広島中央テクノポ
リス建設の2大プロジェクトを推進することにより、都市基盤・産業基
盤の整備を進めてきた。また、2005年には、5町との合併を経て、内陸
部の山々や瀬戸内海の海岸線まで市域が広がった。

　高速道路網やJR新幹線などの鉄道、隣接する広島空港などの広域交
通網の充実、広島大学など4大学の立地や産学官の試験・研究機関が集
積する「広島サイエンスパーク」など知的資源が集積されている。この
ような研究機関の集積により、留学生や研修生など多くの外国人が居住
し、人口に占める外国人の割合は全国上位となっている。

　人口についてみると、2015年10月1日現在、192,907人となっており、
2010年と比較すると2,722人、増減率にして1.5％の増加となっている
（2015年国勢調査）。

　また、中四国自治体92市のうち、人口増加率1位（2005年〜2010年）、
平均年齢（若年順）1位、年齢別割合（総数）15歳未満人口割合3位、15
〜64歳人口割合1位、65歳以上人口割合92位との報告がなされている
（都市データバンク2015年版）。

　ここでは、地方都市としては珍しく、人口が増加している広島県東広
島市の産業集積の実態についてみていく。

### （2） 東広島市の産業構造と産業集積の役割

　東広島市の総生産は2008年度のリーマンショックの影響などから、
伸び悩んでいたが2015年には999,666百万円となり、リーマンショック

以前までに達した（図12-2）。

　産業別の内訳をみると、第2次産業43%、第3次産業56%、第1次産業1%となっている（2013年広島県市町民経済計算）。さらに、製造業における業種別製造品出荷額の内訳は、情報通信機械器具製造業31.1 %、輸送用機械器具製造業16.1%、電子部品・デバイス・電子回路製造業15.8%となっている。上位3業種を合わせると、6割を超えており、東広島市では電気機械関連産業を基幹とする産業構造となっている（2014年工業統計調査）。

　また、1986年から2013年までの比較（表12-1）をみると、製造品出荷額などは82%増、付加価値額は68%増となっており、第2次産業（製造業）のウエイトが高い産業構造である。このような産業構造の背景には、行政による産業団地の造成、企業誘致の積極的推進があげられる。これらの産業政策により、ダイキョーニシカワ（株）などのオンリーワン・ナンバーワン技術や製品を有する優れた企業が集積し、ものづくり産業が盛んな市であるといえよう。特に、頭脳立地法に基づく集積促進地域の承認を受けたことを契機にその中核的団地として、広島サイエンスパーク（写真12-1）が整備されたことにより、バイオテクノロジーの分野で国内有数の企業が集積することとなった。

　つまり、「製造業においては創造活動によって財の高付加価値化を図らなければならないため、産業集積はソフトな開発拠点でなければならない」のである（清成ら1997）。

　このような研究機関や産業機能の集積は、東広島市の経済基盤を支える大きな柱となっている。

### （3）東広島市の産業集積の効果と今後の課題

　東広島市における、市内総生産、製造品出荷額の増加などをみると、産業集積は地域経済の基盤を盤石なものにするという点においては有用であると推測する。

　一方、基幹産業と市内産業のつながりをみると、基幹産業である製造業への原材料・部品の供給の多くが市外企業によるものとなっている。

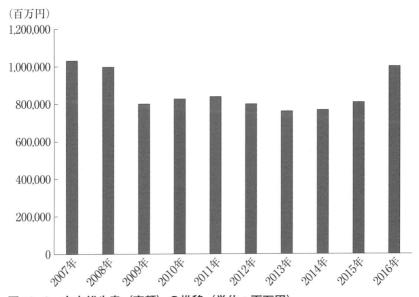

（百万円）

**図12-2　市内総生産（実額）の推移（単位：百万円）**
資料：広島県「市町民経済計算」より筆者作成

**表12-1　時系列・水平マトリックス比較（1986年⇔2013年）**

|  | 従業員数 | 事業所数 | 製造品出荷額等 | 付加価値額 | 労働生産性 |
|---|---|---|---|---|---|
| 東広島市 | 23%増 | 13%減 | 82%増 | 68%増 | 37%増 |
| 広島県 | 24%減 | 44%減 | 25%増 | 7%増 | 41%増 |

資料：知的資源の活用による新たな産業施策の立地に向けて（平成30年5月
　　　24日、東広島市産業部産業振興課資料）より筆者作成

　また、卸売、運輸は一般に製造業と強く結びついた産業であるが、これらの産業の供給の多くを市外企業が担っている（東広島市　2013年東広島市産業連関表資料より）。
　さらに、東広島市の立地特性についての企業（製造業）アンケート調査では、大学、研究機関の集積や研究者・研究員との人的交流を評価する事業所が多くみられる。一方で、市内企業間の連携、連携活動につな

（独）酒類総合研究所　国立研究開発法人産業技術総合研究所　（株）広島テクノプラザ　（独）国際協力機構中国国際センター　国立大学法人広島大学産学・地域連携センター　中国電力（株）エネルギア総合研究所　広島県立国際協力センター　広島県立総合技術研究所　（株）フェニックスバイオ他
**写真12-1　広島サイエンスパーク**

がる人的交流を促す機会、大学・研究機関、他企業等の取組みを紹介する情報に触れる機会については低評価となっている（第3次東広島市産業活性化方策2017年3月資料）。これらの調査報告により、東広島市では、企業間において十分なコミュニケーションが図られていない側面があることから、ネットワークが未成熟であるものと考える。

　つまり、東広島市の産業集積は外部からの縦の系列取引が多いことにより、内部の企業間ネットワークの形成が弱いという特徴を示している。

　前述の先行研究を踏まえると、産業集積の効果は、産業集積内における情報の共有に基づく分業コストの引き下げ、信頼に依拠した企業間の経営資源の相互利用、企業間ネットワークの柔軟な形成などがあげられる。そして、産業集積を議論する多くの研究者は、イノベーションこそが、産業集積の発展における核であると論じている。そして、イノベーション形成のためには知識創造という地域に埋め込まれた暗黙知が重要であると論じているのである。

　このことから、東広島市が発展の持続性を高めるためには、企業間、地域と企業間における信頼に基づく集積地域ネットワークの形成が重要であるものと考える。

　つまり、「地域と企業とがクロスするところに、産業集積はある。そこに、産業集積論の1つの現代的意義、特に政策的意義がある。なぜなら、地域の問題も企業の問題も、現在の日本経済が抱えた大きな問題だからである」（伊丹ら1998）。

## （4）東広島市の産業集積の発展への示唆

　東広島市における産業集積が更なる発展を遂げるためには、新しい企業を積極的に誘致することではないと考える。学術・研究機能の集積を活かした産官学のシステムを構築し、そのシステムのなかに市民を巻き込み、多様な交流を強力に推進し、人材育成・人的交流を図ることが重要である。ネットワークのなかで情報交流し、知識を集積する地域、すなわち、学習する地域が競争優位における重要な一部である。

　これらのネットワークの構築を図るためのアクターのひとつとして、非営利組織の活動があげられよう。笹野尚氏（2006）は、産業集積の形成、継続、発展には、地域の個人や組織による緩やかで柔軟な活動グループが存在すると論じ、関連企業の集積と価値創造の持続的な発展の背景には、非営利組織などの活動体による働きかけがあるという。

　東広島市における産業集積のネットワークの形成を促進させるためには、非営利組織などの活動体による人的ネットワークの構築が重要であると考える。

　また、人材育成の形成のうえで、個々人の学習能力を発揮する機会や場を提供する役割を担う大学も少なからず貢献を成し得る。金井一頼氏（2003）は、産業集積において、組織学習理論におけるダブルループ学習が重要であると論じる。金井によると、ダブルループ学習とは既存の枠組みを超えて従来の価値を変革するような学習であるという。産業集積におけるダブルループ学習では、特定分野の関連企業よりもむしろ大学や公的研究機関、あるいは優れたビジョンをもった個人の果たす役割

が注目されることになると論じるのである。

　さらに、人的確保を図り、人材が定着することが重要である。そのためには、生活環境の整備を図ることが必要不可欠である。例えば、清成忠男氏（1997）は、シリコンバレーやイタリアの産業集積は快適な生活環境が整備されてきたと述べており、人材の集積は産業集積地多様性のための条件であると指摘している。また、ポーター（2001）は、「生産的な経済には好機を生かせる教育水準の高い労働者、健康でそれなりの住宅を持ち、自らの能力を高めるために投資を惜しまない労働者が必要である」[10]と論じ、産業集積における知的労働者の確保、生活環境の重要性を指摘している。

　つまり、文化性の高い公共設備を整備し、暮らしの高質化を図ることが人材の定住化に繋がるものと考える。

　人材の多様化について、「シリコンバレーでは外国人に対してもオープンであり、人口の約2割が外国生まれの人びとである。そうした外国人の活躍がシリコンバレーに活力を与えている」（清成ら1997）。リコンバレーと同様に、東広島市では、留学生や研修生など多くの外国人が居住し、人口に占める外国人の割合は全国上位となっている。人材の多様化を図るためにも、これらの外国人との交流を促進することが重要ではないであろうか。

　以上のように、産業集積の形成、維持、発展における先行研究を整理し、先行研究を踏まえ東広島市における産業集積の実態について考察した。

　産業集積の発展の原点は地域にある。地域の信頼に依拠したネットワークの構築が鍵となる。

## 》注

1）Marshall, A.（1890）. Principal of Economics, The Macmillan Press 馬場啓之助訳『経済原理Ⅱ』東洋経済新報社、1996 年 pp.250〜263

2）清成忠男　橋本寿朗編著『日本型産業集積の未来像』日本経済新聞社、1997 年 p162

3) 鎌倉健『産業集積の地域経済論』勁草書房、2002 年 p6

4) 春田素夫『現在アメリカ経済史』ミネルヴァ書房、1994 年参照

5) Piore. M. J. and C. F. Sabel（1984）, The Second Industrial Divid:Possibilities for prosperity, New York:Basic Books Inc.（マイケル・J.ピオリ，チャールズ・F，セーブル，山之内靖・石田あつみ・永易浩一「訳」『第二の分水嶺』筑摩書房、1993 年 p4

6) 伊丹敬之・松島茂・橘川武郎編『産業集積の本質』有斐閣、1998 年 p305

7) Porter, Michael E.（1998）, "Clusters and Competition:New Agendas for Companys, Governments, and Institutions", On Competition, Harvard Business School Press竹内弘高訳「クラスターと競争」『競争戦略Ⅱ』ダイヤモンド社、1999 年 p67

8) 松原宏『経済地理学』東京大学出版会、2006 年 p182

9) 松原宏編「日本の産業集積研究の成果と課題」『産業集積地域の構造変化と立地政策』東京大学出版会、2018 年

10) Porter, Michael E.（2001）, "Regions and the New Economics of Competition", In Global City‒Regions:Trends, Theory, Policy, edited by Allen J. Scott, Oxford University Press坂本秀和訳「地域, そして競争の新しい経済学」アレン・J・スコット編著『グローバル・シティ・リージョンズ』ダイヤモンド社、2004 年 p179

## 【学習のポイント】

[1] 産業集積の主要概念についてみてきたが、それぞれの理論について整理し、経済発展と産業集積の役割について考察してみよう。

[2] 日本の産業集積の事例から、産業集積が形成される背景について述べなさい。また、産業集積にとって地域が果たす役割について述べなさい。

[3] 東広島市の産業集積の実態と理論双方から産業集積の形成、維持、発展について、考察してみよう。

## 【さらに学習を深めたい人へ】

[1] 松原宏『産業集積地域の構造変化と立地政策』東京大学出版会、2018 年

[2] 伊丹敬之・松島茂・橘川武郎編『産業集積の本質』有斐閣、

1998 年

［3］清成忠男・橋本寿朗編著『日本型産業集積の未来像』日本経済新聞
　　社、1997 年

---

### ティータイム

#### 学習する地域が競争優位に

　日本の各地には新潟県の燕三条、岐阜県の関など数多くの産業集積地がある。
福井県鯖江市は、眼鏡枠の国内生産量の9割のシェアをもつ産地である。イタリ
アのベッルーノ、中国の温州とともに、世界三大産地と呼ばれている。鯖江の眼
鏡枠産地の形成は、1905 年（明治38 年）麻生津村生野（現・福井市生野町）
の富豪である増永五左衛門が地域住民の生活困窮をみかね農家の副業として眼鏡
枠の製造を始めたのが由来とされている。

　なぜ、眼鏡枠に着目したのであろうか。それは、参入に際し、さほど資金を要
さず冬場に利益の上がる手内職として可能な眼鏡枠に着目したといわれている。
そして、製造工程が比較的単純で手作業による部分が多く、農家経済を支える副
業としては最適であった。さらに、日露戦争勃発による軍事用望遠鏡や防塵眼鏡
の需要が増大し、戦況を知らせる新聞、雑誌が相次ぎ発刊、活字文化をもたらす
こととなる。このような背景により、増永五左衛門は眼鏡が生活必需品になると
確信したのであった。当時、眼鏡枠の産地は、東京・大阪などに集積していたた
め、技術者を大阪から招いた。技術を学んだ者は腕利きの大工職人であった。彼
らは、わずか半年で防塵用、草取り用で、レンズの代わりに網を貼り付けた眼鏡
の技術を習得したのである。さらに、内国共産品博覧会へ出品し、有功一等賞を
射止め、東京や大阪と肩を並べる地位を築くこととなった。

　このように、知識を集積する地域、すなわち、学習する地域が競争優位におけ
る重要な一部である。その根底には、信頼に依拠したネットワークの構築がある
のではないであろうか。

# 13 | 地場産業の発展とモノづくり

段野聡子

　近年、グローバル経済の進展、環境問題、新興国の台頭など、地域経済を取り巻く環境は厳しさを増している。地域経済が発展するためには、地域を支える産業の発展が重要であり、そのためには、地域資源の掘り起こし、地域ブランドの創出などの策定が必要不可欠である。

　そこで、本章では地域とともに発展を遂げてきた地場産業に焦点を当て、地域経済における地場産業の役割について学習するものである。

　**《キーワード》** 地場産業、暗黙知、イノベーション、ソーシャルキャピタル

## 1. 地域の定義

　地場産業がいかに地域経済の振興に貢献してきたのかをみていくにあたって、まず、地域とは何かについて考察していきたい。

　地域とはいったい、どのように捉えればよいのであろうか、地域とは、地理学上の概念定義がよく知られている。長谷川秀男氏（2001）は地理学の場合は一定の広がりをもつ空間として捉えて究明を行うものであり、地域個体説と地域便宜説があるという。前者は地域を自然・人文のあらゆる現象がコンパクトされた複合像として捉えるものである。後者は成立した地域は便宜的なものと考える立場であると述べる。具体的には気候や地形、文化、産地などによる地域区分がこれに当たり、行政区分もその一例であるという。

　また、松原宏氏（2006）によると、地域は空間概念よりもより個別具体的であるという。地球表面の一定範囲をさし、それらが切り取られる根拠としては、自然的条件、社会的・文化的条件、政治的条件、歴史的条件などの差異があげられてきたと述べる。中村剛治郎氏（2004）は、

地域とは自然的環境、生活環境、生産環境、産業構造などをめぐる地域性の確保によって成り立つ共同社会の基礎的拠点であると述べる。

　石倉三雄氏（1989）は、地域について4つの視点から考察しなければならないと指摘する。まず、第1に、地域を社会の全体システムのなかで把握しなければならないという。つまり、地域における集権と分権という社会システムの問題を、地域社会の構成という視点から捉えているのである。第2に、地域を歴史的対象として考察する必要性を指摘する。第3に、地域を人間の生存という自然環境との関連から究明しなければならないという。第4に、地域が当該地域内に生活する住民にいかなる心理的影響や文化を形成させていくのかを考察しなければならないと述べる。

　つまり、地域を把握する場合には、地域を社会の全体システムのなかで捉え、かつそのなかにおいて地域における歴史性というものを究明することが不可欠である。そして、地域が人間の生活においていかなる心理的影響を与え、どのような文化を創造し、営ませるのかという視点から、地域を捉まえることが重要であると述べる。

　このように、地域とは多種多様なニュアンスをもった概念であり、単純に定義することが難しい。地域とは、一般的には行政区域をベースにした行政単位が大きな意味をもつものである。しかし、中村らが述べるように、地域とは人間が共同生活する空間であり、歴史的文化的要素を背景として、互いの間に連帯意識というヨコの繋がりである、ネットワークがある空間を地域として把握するなど、多面的な視点から地域を捉えることが有用であるものと考える。

## 2. 地場産業の定義

　昭和60年度の中小企業白書によると、「地場産業とは、主として地元の資本による中小企業群が、一定の地域に集中して、技術、労働力、原材料、技能（伝統を含む）などの経営資源を活用し、生産・販売活動をしていくものである」と定義されている。また、「産地とは多数の同業種の中小企業が流通部門、運輸部門などの関連業者とともに一定の地域

に集積し、その存立基盤を地域に大きく依存しながら、地域経済と密着して、市場を国内外に広く求めているものである」としている。また、清成忠男氏（1972）は、地場産業とは中小企業に固有なひとつのタイプであり、資源立地型の産業としてスタートしたという。そして、地域的にまとまりのある産地を形成し、外部経済効果の集積により発展してきたと論じている。

つまり「地場産業は地元の資源と労働力とを結びつけ、地域的独立性を有する消費財、いわば特産品を国内市場ないしは外部市場に供給する産業である」[1] と定義している。

一方、山崎充氏（1977）によると、地場産業は5つの特徴を備えていると述べる。まず、①特定の地域に起こった歴史が古い、②特定の地域における同一業種の中小零細企業の集中立地、③生産、販売構造の社会的分業体制、④地域独自の特産品の生産、⑤市場を全国や海外に求めて販売する。

石倉三雄氏（1989）は、地場産業とは地元資本による同一業種に属する多数の中小企業が特定地域に集積することにより、産地を形成すると述べる。そして、地域内の自然資源・原材料を利用し、もしくはそれらを地域外から移入し、地域内の労働力によって産地に集積された技術・技法を駆使する。これらによって特産物を地元はもとより、広く国内市場、あるいは製品によっては海外市場にまで求めているものであると述べる。

板倉勝高氏ら（1980）は、地場産業について4つの性格づけを行っている。第1に、同一製品の生産、あるいは同一工程の作業に関係する小規模企業が、ある一定の地域内に集中して立地する地域的産業である。第2に、集団内には社会的分業が存在する。第3に、工業等は地元資本によって運営されている。第4に、市場が地元ではなく、全国、世界市場に依存して成り立っていると述べる。すなわち、地場産業とは、産地固有の性質や特徴というものを基にした概念であると論じるのである。

このように、地場産業とは、地域の資源や地域に蓄積された技術、技能を活用することによって成り立ち、同種の中小企業が多数地域に集積

することにより地域経済を支えているものと考える。そして「地域経済は地域のあり方や地域の運命に関わる意思決定権を地域にもつ経済であり、住民の地域に根ざした創意工夫と共同による内発的産業振興を原動力として形成される」[2]のである。

　上述のように地場産業は地域とともに成長してきたのであるが、昭和60年代の円高以降、日本の伝統的な地場産業においても海外移転にともなう産業の空洞化や、中国や米国などからの安価な輸入品の増大などにより海外製品との競争が激化している。また、消費者ニーズの多様化、高度化など市場経済は激変している。このなかにおいて、変化に対応できない産地は停滞・衰退が顕著にあらわれており、多くの地域では産地としての生き残りが大きな課題となっている。

　しかし、一方で、厳しい経済環境に対応し、産地として生き残りをかけて取り組んでいる地域もある。これまでに述べたように、地場産業は、地域と一体となって発展してきたものが多く、地域の社会経済を支える重要な役割を果たしているのである。

　つまり、地場産業の再生は、単なる一企業における生き残りをかけたものではなく、地域全体の生き残りがかかっているものといえる。

　では、地場産業はどのように形成され、発展するのであろうか。以下では、地場産業の形成要因についてみていく。

## 3.　地場産業の形成要因

　日本の地域にはさまざまな地場産業が形成されており、その要因についても多様である。それゆえ、地場産業の類型化についてもさまざまな論議がなされている。

　例えば、山崎充氏（1977）は地場産業の類型化の尺度として、①歴史、②市場、③立地、④生産形態、⑤地域的分業形態という、5つの基準をあげている。ここでの類型化は、産地形成時期の差異に着目するものであり、地場産業をふたつのタイプに分類している。ひとつは伝統型地場産業と呼べるものであり、産地の形成が江戸時代かそれ以前であるものである。もうひとつのタイプは産地形成の時期が明治時代以降である地

場産業であり、現代型地場産業と呼べるものである。山崎は、伝統型地場産業として、京都の西陣織、清水焼、輪島の漆器などをあげているが、時代の変化とともに、産地が形成されたころの製品とは、だいぶ異なったものを現在は産出する地場産業も少なくないと指摘している。その要因について山崎は、明治政府の殖産興業政策により、海外から移植された移植産業が伝統型地場産業との対抗関係を生み出したことによるものと述べる。つまり、この対抗関係により、伝統型地場産業が衰退を余儀なくされ、業種や品種転換を図らざるを得なかった産地があったと指摘するのである。

　また、下平尾勲氏（1996）は地場産業とは、「地域に住んでいる人たちの衣食住という物質的生活の充足の必要性を母とし、民衆の生活の知恵を生かし、工芸へ高めようとする職人の熟練技術を父として形成された」[3] という。そして彼は、地場産業は地域外に販売して貨幣を入手するために自然発生的に形成され、また、当時の権力者によって政策的に形成されたと述べる。例えば、江戸時代の各藩は自給自足に近い経済環境に置かれていたことにより、多様な自前の産業が存在していたという。つまり、城下町においては、職人町、唐人町、鍛冶町など、地域を定めて産業振興が図られたため、それが地場産業として定着してくると論じている。そして、下平尾は、地場産業の形成を具体的に、①立地型・資源活用型、②技術立地型、③市場立地型の3つに分類している。①立地型・資源活用型とは、原料資源の存在に立脚して発展してきた地場産業である。この立地型・資源活用型は、地元にすぐれた原料資源が発見されたということが、その地域に地場産業が発生する出発点であるとする。その代表例として、下平尾は備前焼、有田焼、瀬戸焼などの陶磁器産業をあげている。次に、②技術立地型とは、一定の生産技術、販売技術、経営技術を蓄積し、それを展開させて成長してきた地場産業である。地場産業には、下平尾が指摘するように、古い歴史的技術を伝承し、それを基礎として発展してきた産地や秘法の伝承によって存在している産地は多いものと考える。そして、③市場立地型とは、そこに市場があったか否かが産地形成の重要な要素になった地場産業である。下平

尾はその代表例として京都における京友禅、京漆器、仏壇、金箔などを
あげる。そして、これらの産業が京都で発達した要因は、原料が豊富に
あったからではなく、市場が地元にあったからであると指摘する。

　このように、産業の形成要因は多様であるが、その発展については
「ものづくり」、すなわち、職人の熟練した技術が重要な核であると考
える。

　板倉勝高氏（1978）は、地場産業とは中小零細工業群であり、中央に
おける金融資本の恩恵を受けないものであるという。そしてこれらの工
業群は主として日用消費財を生産し、その日用消費財生産はふたつのグ
ループに分かれると指摘する。まず、ひとつ目のグループはパン、生菓
子、牛乳、注文服などのように、主として近隣の消費者を対象とした比
較的販売領域の狭いものである。ふたつ目のグループは靴下、既製服、
眼鏡枠、陶磁器などのように、いくつかの特定の産地で全国的な需要に
向けて生産を行っているものである。板倉によると、前者を近在必要工
業と呼び、後者を地場産業と呼ぶという。後者の地場産業について板倉
は、水沢の鋳物、関の刃物など日本における45もの産地について実証
研究を行った。そして、これらの実証研究に基づき集積の基本である、「も
のづくり」が地場産業の発展において基盤となすものであると論じる。

　さらに板倉ら（1980）は産地については、大きくふたつに分類できる
と述べる。すなわち、ひとつ目は歴史的伝統をもち、社会的分業によっ
て生成し、主として特産品などの生産を行う伝統型産地である。ふたつ
目は伝統型から発展したり、新技術の導入や需要の変化に対応して製品
が変化したり、近代的な工業態へ移行した現代型産地である。板倉ら
は、このような伝統産業は、明治以前に発生し、伝統的技能に強く依存
して、道具を主とする手工業、ないし家内工業の形態をとっていると指
摘する。しかし、その一方で、伝統産業は社会的分業を中心とする地域
集団を形成しており、それは、地場産業の発展にとって重要な要素と
なっていると論じる。

　また、板倉らは、このような伝統産業はその労働力を地方、ことに農
村に求め、多くの伝統産業が農家の副業と関連して発展した点を鑑みる

208

と、伝統産業の地域依存が重要視されると述べ、業種別では繊維工業が圧倒的に多いと指摘している。

このように地場産業には、農村を基盤として発展するもの、都市を基盤として発展するもの、伝統的性格の強いもの、近年に形成した新しい地場産業もある。

いずれも、地場産業は自然環境の優位性、すぐれた独自の技術や特定の市場、豊かな原材料資源等を条件として産地を形成し、発展を遂げてきたのである。ことに、地場産業の発展においては、なかんずく、職人などの手による高度な技術「ものづくり」が重要な核をなすものであるといえよう。近年における経済環境の激変においても、地域に深く根ざし、地域経済の担い手となっているのが地場産業である。

では、地場産業はどのように地域や人びとと関わり、生き続けてきたのであろうか。地場産業の歴史的発展過程について、日本の三大酒処のひとつである広島県の事例をあげ、形成、維持、発展をみていく。

## 4. 広島県酒産地の歴史的発展過程

### （1）西条の酒造り[4]

広島県は日本でも有数の酒の産地であるといえよう。まず、日本三大酒処のひとつである東広島市西条町（図13-1）である。そして、「吟醸酒誕生の地」、「広島杜氏のふるさと」と呼ばれる東広島市安芸津町、呉市、竹原市がある。しかし、2016年帝国データバンクによると、清酒メーカーを本社所在地別にみると、最多は新潟県の84社（構成比6.8％）、2位は長野県64社（構成比5.1％）、3位は兵庫県であった。海外における和食ブームに乗り海外での需要が増加するなかにおいて、酒処である広島県は42社（構成比3.3％）の第8位という厳しい調査結果となった。

しかし、広島県は日本のブランドである吟醸酒の発祥地としてその地位を維持していることには変わりはないのである。ここでは、日本の三大酒処として有名な西条がどのようにして酒処としてその地位を築き、維持、発展しているのか、その要因について歴史的発展過程をみていく。

西条酒蔵造り周辺の酒蔵が連なる一帯は「西条の酒造施設群」として日本の20世紀遺産として選定されている。2019年現在、西条酒造協会に加盟している酒造メーカーは8銘柄となっている。

**図13-1　西条エリアマップ（上）** 西条酒造協会提供

**写真13-1　酒蔵通り（下）** 賀茂鶴酒造株式会社提供

表13-1　8つの銘柄と蔵元、創業

| 銘柄 | 蔵元 | 創業 |
|---|---|---|
| 白牡丹 | 白牡丹酒造 | 1675 年（延宝 3 年） |
| 亀齢 | 亀齢酒造 | 1868 年（明治元年） |
| 賀茂鶴 | 賀茂鶴酒造 | 1873 年（明治 6 年） |
| 桜吹雪 | 金光酒造 | 1880 年（明治 13 年） |
| 西條鶴 | 西條鶴酒造 | 1904 年（明治 37 年） |
| 賀茂泉 | 賀茂泉酒造 | 1911 年（明治 44 年） |
| 山陽鶴 | 山陽鶴酒造 | 1912 年（大正元年） |
| 福美人 | 福美人酒造 | 1917 年（大正 6 年） |

資料：西条酒造協会等資料より筆者作成。

図13-2　西国街道（大阪から長崎県までの陸路の大動脈）

## （2）変遷

### ①形成期

　東広島市は西条酒蔵通りを中心に、南の沿岸部から北の山間部まで南北に長いまちである。吟醸酒発祥の地の酒文化は、南北をひとつにつなげる。

　西条の酒造りは、西条酒造協会によると1650年頃とされている。図13-2に示すように、西条は江戸時代の近世山陽道（西国街道）が整備されたころには本陣を中心に宿場駅として発達した。このため、西条での

酒造りは宿場ができたころから始まったとされる。つまり、宿場には多くの人が集まることになる。人が集まる「場」には必然的に飲食が必要となる。もともと、西条の酒は江戸初期には、喜登屋島六郎兵衛晴正[5]（現在の白牡丹酒造）など3軒があった（東広島市教育文化振興事業団）。

　しかし、江戸時代における西条は、現在のような酒処としての地位を確立していたのではなかった。その背景には、江戸幕府における酒株制度が大きく影響している。江戸幕府は酒株と呼ばれる免許をもつ者のみ生産や流通を認めていたのである。さらに酒造で消費できる米の量の上限も定めていた。この政策のもと、広島藩は藩領を越えた米、酒の出入を厳しく取り締まったため、蔵元は限られ流通も制限されたのである。これらの背景により、酒造業は、城下町、年貢米の積み出しや海運によって他藩からの商船荷物が入港するなど商品経済が発達した呉や竹原などの瀬戸内海沿岸の港町が中心となっていたのである。

　このような幕府の酒株制度により、西条は地方の酒処としての存在に過ぎなかったのであるが、幕末期における長州征討において、幕府陸軍の本陣が置かれたことにより好況となり、嘉登屋などの商家は多くの財を成すこととなった。さらに、幕末から酒株制度が廃止されたことにより、幕末から明治にかけて酒造りを始めるものが増加（表13-1）し、西条では財を成した有力な地主が集まったのである。

　また、1894年（明治27年）、山陽鉄道の開通により、これまでの海運による輸送だけではなく、鉄道による輸送という選択肢が増えることとなった。例えば、喜登屋坪島六郎兵衛晴正のような蔵元では庭先まで線路が敷かれ、酒蔵のすぐ近くに鉄道が走ることになった。鉄道の開通により、輸送は廻船から鉄道に大きく変化し、酒の販路は京阪神まで拡大することとなった。また、鉄道の開通は、呉、竹原という港町を中心とした酒造りにも大きな変化をもたらしたのである。

　移動手段の利便性が高まったことにより、西条の蔵元は全国における品評会等への積極的な参加が可能となった。このことが伏見、灘といった銘醸酒との接触・交流の拡大に繋がり、伏見、灘に負けるまいという西条杜氏の競争心が高まることとなった。

②発展期と技術の確立

　西条が酒都と呼ばれ、吟醸酒発祥の地となったのは、日本酒の発酵・醸成、貯蔵等に適した気候風土、厳選された酒米の確保、西条層と呼ばれる堆積層、竜王山系の伏流水など自然的条件に恵まれたことがあげられる。さらに、三浦仙三郎、佐竹利市、橋爪陽の技術・技能が結集したことが大きく影響しているといえよう。

　三津村（現在の東広島市安芸津町）出身の三浦仙三郎は1897年（明治30年）に三津の軟水に合わせた醸造技術の「軟水醸造法」を開発した。当時酒造りには、石灰分を多く含む硬水が適しているといわれており、三津の水は軟水で発酵が遅く良質な日本酒を造ることが出来なかったのである。そこで、三浦は徹底した温度管理やデータに基づいた科学的手法を用い、軟水でも良質な日本酒を製造できる技術を開発した。この技術は石灰分の少ない軟水の性質に合わせて、低温で麹をじっくりと時間をかけて育て、通常の倍以上である40日以上の時間をかけてもろみを発酵させるものである。現在の吟醸酒は、この技法を基礎にしてつくられており、広島流吟醸造りとも呼ばれている。この技術を学んだ、三浦率いる三津の杜氏は、「三津杜氏」という一大杜氏集団を形成し、西条にその技術を持ち込んだことにより、西条が酒都として発展する基礎となったのである。一説によると、三津の杜氏は冬場の出稼ぎとして西条に出向いたのではないかといわれている。

③発展期と内発型工業の集積

　東広島市西条町に本拠を置く株式会社サタケは、今や世界最大の穀類機総合メーカーであるが、そのルーツは広島市に創立した県内最古級の民間機械製作工場であった。西条町出身の佐竹利市が、米つきにおける過重な労働・人力作業の機械化のために、1896年（明治29年）わが国最初の動力式精米機を開発・製作したものであり、穀倉地帯を基盤に興った、内発型近代工業の芽生えといえるものであった。

　1898年（明治31年）には、動力源として石油発動機を開発、大阪以西では唯一の発動機メーカーとして繁忙を極め、1907年（明治40年）には西条町に工場を建設し、移転した。

　1908 年（明治41 年）竪型研削精米機を開発した。この開発は吟醸酒を誕生させる原動力となったのである。内陸部の田園地域において精米機のトップメーカーが誕生した要因は、歴代オーナー経営者に共通した研究開発志向に負うところが極めて大きい。加えて、東広島が精米機の利用と強く関わる穀倉地帯で、酒米用精米機と関連の深い酒造地であったこと、呉、広島の機械金属工業地域と隣接しており、職人・技能工を比較的確保しやすかったこと、行政・軍・経済の中枢管理機能を集積する広島市に近接していたことなどが企業の成長・発展にプラスに働いたとみられる（㈱サタケ『米麦機械100 年・サタケ社史』平成9 年、毎日新聞社『広島百年』昭和43 年等）。

④発展期と人材育成

　軟水醸造法が完成した翌年1898 年（明治31 年）、三浦はその技術を記した「改醸法実践録」を刊行した。そして、西条周辺の杜氏や蔵人を集め、その醸造技術を教え研究をさらに進めたのである。また、三浦は酒造業者とともに酒の品質向上を図るため、一致団結し加茂郡南部酒造組合を結成した。これは県内初の酒造組合であり、全国でも古いもののひとつになる。同年、広島県酒造組合が結成され、この組合を基軸として、県域における品評会や技術講習会が始まることとなり、醸造技術の向上が図られたのである。

　さらに、1902 年（明治35 年）、広島税務管理局醸造技術部に醸造技手として橋爪陽が着任した。橋爪は広島県醸造試験場西条清酒醸造場での醸造技術や酒品質のさらなる向上への取り組みに尽力したのである。これらの技術・技能が結集した西条の各酒蔵で醸造された清酒は、1907 年（明治40 年）には日本醸造協会主催の第1 回全国清酒品評会で優秀な賞を独占し、この地域が一躍主要な醸造地として全国にその名を馳せた。さらに、1911 年（明治44 年）から始まった酒類総合研究所主催による全国新酒鑑評会で好成績を収めることでブランドを確立させた。

　このように、技術革新を推し進めていく西条の蔵元は、さらに全国に先駆けて経営改革に着手したのである。この経営改革のもと、株式会社組織による酒造会社が誕生し、巨大な蔵を有する醸造場が多く建設され

た。このときに創業した西条酒造（福美人酒造）は西条のみならず、西日本各地の蔵元による出資で設立された。これは、酒造業としては、国内初の法人として起業した酒造メーカーである。そして、この西条酒造は、鑑評会において優秀な成績を収めたことから、酒造業界より酒造技術養成機関として指定を受けることとなった。

⑤成熟期から現代

　西条酒の需要は、技術革新、経営革新を背景として拡大の一途を辿ることとなる。さらに、呉が旧陸軍、旧海軍の拠点であったことから、日清・日露の戦争においては、軍用酒として用いられたため、需要が格段に拡大した。いわゆる、大正バブル期（1919年）には西条酒は隆盛の方向に向かったのであった。そして、昭和初期には「酒都西条」と呼ばれる一大銘醸地に成長したのである。

　しかし、昭和恐慌（1930年〜1931年）により、原料である米の入手が困難になるなどの状況に陥り、西条の蔵元は激減した。戦後を経て1958年（昭和33年）には拡張傾向にあったが、西条の酒は灘や伏見などと比較すると、生産量は減少していくこととなる。近年においては、少子高齢化、消費者のライフスタイル、ニーズの多様化等により、消費の減少は続いており、西条の蔵元数は減少を辿っている。

　また、西条駅前における再開発により、これまでの酒蔵通りは東西に二分化され、住宅や駐車場へと変貌した。これらの再開発に対して地域住民は、地域が分裂するという危機感を抱き、「みんなの祭り」という市民祭りが開催されることとなった。さらに西条酒造協会、酒造メーカー、観光協会、行政、JA、酒類総合研究所などが連携し、酒蔵があるという特徴を活かした地域づくりを地域とともに進めるという主旨のもと、全国的にも非常に珍しい「酒まつり」を開催した。この祭りは1990年から開催されており、毎年10月の2日間、各酒造メーカーは仕込み用水である井戸の一般公開や、空いた酒蔵を用いた展示場の公開、蔵巡りスタンプラリー、全国の酒を集めた広場、フリーマーケットを開催し、毎年300万人〜400万人の観光客が訪れる。

　2017年、西条の酒造施設群として日本の20世紀遺産に選定された背

景には、このような地域一体化による「西条酒」再興への地域ネット
ワークの構築があるものと考える。

# 5. 地場産業の持続と発展要因
## －技術の蓄積とリーダーシップ－

　西条が酒産地として、維持、発展した要因は、特殊な技能をもった労
働者の存在、技術の伝播などがあったことがあげられる。マーシャル
（1890）は、産業集積の発展過程において、技術の伝播、特殊な技能を
もった労働者の存在、補助産業の発達、技術改革の可能性を指摘してい
る。特に、特殊な技能をもった労働者の存在によりイノベーションが生
まれ、さらに、地域には有能な技能をもった労働者が全国から集まるこ
ととなるのである。

　また、シュンペーター（1991）は、産業の新しい組織の創出、新しい
生産方法の導入などのイノベーションこそ、経済発展の最も主要的な要
因であると論じている。松原宏氏（2006）は「地域イノベーションが生
まれてくる過程においては、対面接触を通じた暗黙知の共有と交換が重
要であり、そうした対面接触を多頻度で実施するためには、狭い空間的
範囲に企業が集まっていることが有利であり、また、地域での独特の仕
組みが有効である」[6]と指摘している。

　つまり、イノベーションにとって、Face to Faceによるコミュニケー
ションを通じた知識の蓄積が重要であると論じる。さらに、イノベー
ションを生む原動力について、下平尾勲氏（1996）はリーダーや職人の
存在とそれらを生み出す雰囲気をあげる。彼は、産地の発展を促進させ
たいという意識とともに、この意識に共感する人たちの精力的な活動を
生み出す雰囲気というものが、強力な役割を果たす人物を登場させると
述べる。

　このことは、西条においても三浦仙三郎の登場があげられる。三浦は
呉や竹原といった県内の酒蔵や灘や伏見という県外の酒造りに負けない
という、競争心や使命感を意識の根底にもち、酒造りを行い鑑評会など
において優秀な賞を独占した。さらに、三浦の意識に共感する佐竹利

市、橋爪陽といった技術力をもったリーダーたちが結集することにより、イノベーションが図られ、すぐれた産地を形成させたのである。これらの技術とともに、三浦は協同組合という互助の組織づくりを行ったことにより、産地体制の基盤が確立し、産地が経営面で自立する基礎が確立されたのである。

　このような、お互いに支えるという組織づくりが構築される根底には、地域におけるソーシャルキャピタルが醸成されていたものと考える。

　こうしてみると、西条酒造産地の発展には、「個人個人の努力や研鑽が重要であることはもとよりであるが、集団が生み出す力や雰囲気も偉大である。集団力または複合力と呼ばれていることが、産地の技術的発展を規定してきた」[7] のである。雰囲気について、マーシャルは「雰囲気というものは移転することができない」[8] と述べており、集積地域の比較優位が崩れないことを示唆しているのである。

　このような西条の事例から、地場産業の形成、維持、発展の要因におけるキーワードとして、豊かな資源、技術力の集結、暗黙知による情報の伝達、技術の伝播、目的意識を共有したひとつの緩やかな活動体、内発的に結成された協同組合、リンゲージ企業の存在、リーダーシップの存在、ソーシャルキャピタル、競争があげられよう。

　これらの要因のうち、地場産業の形成を促す基礎的要因として、①地域独自の資源や需要の存在、②リンゲージ企業の存在があげられる。また、発展を促す要因として、①イノベーション競争、②暗黙知による学習、③プラットフォームとしての協同組合があげられる。そして、これらの発展には、地域住民との強い繋がりであるソーシャルキャピタルがなくしては成し得ないといっても過言ではない。

　地場産業は地域に根づいた地域固有の産業として、経営資源を活用し、地域内経済循環社会を構築する産業のひとつである。地場産業は長い歴史のなかにおいて、経済上の淘汰を受けて、生き抜いてきた産業であり、地場産業の研究は今後の日本の産業のあり方について、ひとつの示唆を与えるものではないであろうか。

## 》注

1）清成忠男『現代中小企業の新発展』日本経済新聞社、1972年 pp.116~117

2）中村剛治郎「地域経済」宮本憲一ほか編『地域経済学』有斐閣、1990年 pp.83~87

3）下平尾勲『地場産業』新評論、1996年 p3

4）西条の酒造りについては、白牡丹酒造資料、ヒアリング調査、広島財務局資料 1994年、日本醸造協会雑誌、山口昭三『醸造建築の調査研究』近畿大学九州工学部、1992年等を参考とした。竹原の酒造りについては、竹鶴酒造ヒアリング調査、呉の酒づくりについては相原酒造ヒアリング調査を参考とした。

5）白牡丹のルーツは戦国武将の石田三成の軍師として仕えた島左近までさかのぼり、その次男である彦太郎忠正の孫・島六郎兵衛晴正が延宝3年（1675年）に酒造業を創業したのが始まりである（白牡丹資料より）。

6）松原宏『経済地理学』東京大学出版会、2006年 p183

7）下平尾勲『地場産業』新評論、1996年 p24

8）Marshall, A.（1919/23), Industry and Trade; A study of industrial technique and business organization, and of their influences on the conditions of various classes and nations, 4th ed.,（1st ed. 1919), London:Macmillan（マーシャル、永澤越郎「訳」『産業と商業　第2版（1）〜（3）』岩波ブックサービスセンター、1991年）

## 【学習のポイント】

［1］地場産業の発展における「ものづくり」が果たす役割について、具体的な地場産業をあげ、考察してみよう。

［2］日本各地にある地場産業の類型化については、さまざまな論議がなされているが、産地形成時期の差異に着目すると、どのようなタイプに分類できるか、事例をあげて述べてみよう。

［3］西条の酒造産業を取り上げ、地場産業の発展要因について、イノベーション競争、暗黙知による学習などの視点から考察したが、今後の地場産業の発展について主体となるものについて考察してみよう。

218

【さらに学習を深めたい人へ】

[1] 板倉勝高編著『地場産業の町上』古今書院、1978 年

[2] 石倉三雄『地場産業と地域経済』ミネルヴァ書房、1989 年

[3] 下平尾勲『地場産業』新評論、1996 年

**ティータイム**

## オンリーワン

　日本各地には、独自性を発揮した多くの地場産業が存在している。例えば、福井県では鯖江市の眼鏡産業、漆器産業、織物産業、越前市の刃物産業、小浜市の漆器産業など、地域に根ざし、時代の変化に合わせて深化を遂げている。これらの地場産業は日本だけに留まらず、海外にも輸出され、日本の伝統文化として需要が拡大している。

　文化といえば、福井県では、嫁入り道具として傘を持っていくという習慣がある。そもそも傘は「末広がり」「厄払い」という縁起物である。昔、福井県では傘村といわれるほど、大きな産業地帯があったが、近年においてはアジアなどの海外から安価な傘の輸入により、傘産業は衰退し、現在では１件のみとなった。しかし、残された１件の社長は、傘文化を継承するとの熱い思いにより、独自性を発揮した傘づくりを試みたのである。そして、今や購入までかなりの期間を要するまでの人気商品となった。

　技術力を発揮した傘とは、撥水する生地（鯖江市の織物産業）、骨組み（鯖江市の眼鏡産業、漆産業）、手持ち部分はニーズに合わせてさまざまな工夫がなされている。つまり、地場産業とのコラボレーションにより開発された、オンリーワンの傘である。

　まさに、地場産業の「技」が結集した、「傘」なのである。

# 14 | 地域産業の主体形成と非営利協同セクターの役割

段野聡子

　少子高齢化等を背景として、地域住民が地方自治体と協働し、地域の特性や実情に即した施策を立案し、実行していく仕組みづくりが重要となっている。その主たる担い手として、専門性を活かした実践を展開している非営利協同セクターの存在は注目されている。

　本章では、典型的な中山間地域である福井県池田町の事例を取り上げ、地域産業における非営利協同セクターの役割についてみていく。

　《キーワード》　非営利協同セクター、地域産業、学習する地域、地域資源

## 1. NPOの定義と構造、変遷

### （1）NPOの定義

　NPOとは、Non-Profit Organizationの略で一般に民間非営利組織と訳されている。民間とは政府の支配に属さないことである。非営利とは利益を上げてはいけないという意味ではなく、利益が上がっても構成員に分配しないで、団体の活動目的を達成するための費用に充てることである。組織とは社会に対して責任ある体制で継続的に存在する人の集まりを意味する。

　内閣府はボランティア活動などの社会貢献活動を行う、営利を目的としない団体の総称と定義している。また、国連は地域、国家あるいは国際レベルで組織された非営利の市民ボランティア団体と定義している。

　一方、ジョン・ホプキンス大学を中心とする非営利セクター国際比較プロジェクト（以下、JHUCNSP）とその主宰者であるレスター・サラモンは、NPOを定義づける要件として以下（表14-1）の5つとして、「組織、非政府、非営利、自己統治、自発性」をあげている。

　これらのことから、NPOの本質的特徴としては、利益を分配しない

こと、非利益分配拘束であると考える。

　そもそもNPOという呼称は、「アメリカの歳入法典に登場したことが始まりである」[1]とされている。そして、「世界のNPOの原点は日本の寺にある」[2]と最初に指摘したのはドラッカーであった。彼は、「いまも機能している最古の非営利機関は日本にある」[3]と述べている。「創立の当初からそれらの寺は非政府の存在であり、自治の存在であった」と、NPOの原点が日本の古寺であるとドラッカーは論じている。

　ドラッカーが指摘しているように、寺院はNPOの原点なのであろうか。日本の地域社会における寺院の存在について考察する。日本では古来より、結や講などの助け合いの仕組みが地域にあり、地域の人びとの暮らしを支えていた。結は「いわば地縁に基づく近所づき合いで、相互扶助活動を指す。住民が労働力を対等に出し合い、農作業・冠婚葬祭・生活の営みを維持していく」[4]ものである。講とは、「そもそも寺院内で仏典を講ずること、あるいは仏典を講究する仏僧の研究会を指していた。平安時代においては、現世利益を追求する貴族たちが、法華信仰の高揚を背景に自らパトロンとなって豪華絢爛な仏教儀礼としての法華八講をさかんに催すようになる。鎌倉時代になると、さらに多様な信仰的講が結ばれたほか、社会経済的動機で組織された集団も講と名乗るようになった。例えば、頼母子講や無尽講などは商品経済の発展にともない金銭や物品を融通し合うために組織された経済講であった」[5]のである。このように相互扶助、協同出資運営などの地域組織は古来より構築されており、その中心的役割は寺院が担っており、地域になくてはなら

表14-1　NPOを定義づける5つの要件

| ①組織 | 団体として組織化されたもの |
|---|---|
| ②非政府 | 政府からの独立　民間 |
| ③非営利 | 利益の非配分 |
| ④自己統治 | 自治組織であること |
| ⑤自発性 | ある程度自発的な意思によること |

資料：サラモンとアンハイアー（1996）p23より筆者作成。

ない公益的な機能を備えていたのである。

　つまり、寺院は人間が人間らしく生きるために不可欠な「命を支える場」、「心のよりどころの場」でもある。そして、寺院に対して信者が寄附をするお布施は、直接的な見返りはないが、長い目でみると、いつか自分に返ってくるものである。何かの行為に対する対価ではなく、自分のもてるものを最大限つくし施すことにある。お布施は社会の平穏のための社会福祉活動である。

　以上のことから、寺院は長い目でみると社会全体の幸福につながる役割を担うものであり、ドラッカーが論じるように、寺院は現在のNPOのような存在であったものと推測される。しかし、筆者は、ドラッカーのNPOの原点は寺院にあるという指摘は、教会においても寺院と同様の役割を担っていたことを鑑みれば、一概にはいえないものではないかと考える。

　NPOの本来の存在意義は上述のような社会全体の幸福につながる役割であるが、今日におけるNPOの組織構造はどのようになっているのであろうか。以下においてみていく。

### （2）NPOの構造と呼称

　日本ではNPOといえば、図14-1に示すように、最広義から最狭義のNPOまで組織ごとに分類される。最広義のNPOには法人格をもたない任意の市民活動団体や人格なき社団、各種協同組合、各種共済組合、労働組合、政党など120余りの法律を根拠とする多種多様な民間非営利組織を指す。広義のNPOとは、制度化された財団法人や社団法人を含んだ公益的な民間非営利活動団体である。

　一方、狭義のNPOとは、市民が自主的に活動する市民活動団体、法人格のボランティア団体である。最狭義のNPOとは、いわゆる、特定非営利活動促進法（1998年制定、以後NPO法）を根拠とする特定非営利活動法人（以後NPO法人）である。このNPO法人の設立にあたっては、特定非営利活動を行うことが主目的であることについて、都道府県、政令指定都市の所轄庁の認証を受けることが必要である。11種類の申請

書類を必要とし、その一部は受理日より、2か月間縦覧され、市民の目からも点検される。認証後は、毎年、事業報告書、決算書の提出や公開が義務づけられている。この法律には、補助や助成に関する規定はなく、NPOの自立を強調している点が新しい特徴である。

　本稿において、NPOと呼ぶときには認証制により設立された最狭義のNPOとする。また、民間非営利組織の呼称については非営利協同セクターとする。

　このような民間非営利組織は世界各地に存在し、それぞれの民間非営利組織が表14-1の5つの要件のうち「どのような要件を重視するかによって呼び方が異なる」[6]が、それぞれ歴史的に成立し、公益活動を担っているということは共通するところである。例えば、イギリスでは、ボランタリーセクター、チャリティセクター、チャリティ、シビルソサイエティなどと呼ばれ、アメリカでは、アソシエーション、NPO、非課税団体、市民セクターなどがあげられるが、いずれも、自発性や使命感、情熱をもち設立し、活動している。

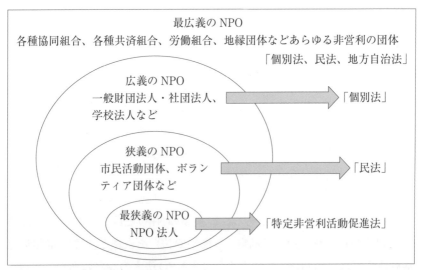

**図14-1　NPOの構造と根拠法**
資料：内閣府NPOホームページhttps://www.npo.homepage.go.jpなどの資料に基づき筆者作成。

## （3）非営利協同セクターの変遷[7]

　日本で非営利協同セクターが注目される契機となったのは、ボランティア元年と呼ばれた1995年である。この年の1月17日に発生した、阪神・淡路大震災では6,000人以上の命が奪われた。行政も被災し、ライフラインも停止した。この大惨事に日本のみならず海外から救助活動に多くのボランティアが被災地に赴いた。被災地では、多くのボランティアの結集による共同体が生まれ、支え合いの場、協働の場となった。海外のなかでもトルコは、いち早く救助活動に駆けつけた。この背景には1890年和歌山県沖でトルコの軍艦が座礁し、近隣の村人が救助活動を行い、多くのトルコ人が救助されたことがあった。このことにより、トルコでは今でも親日派が多いとされている。トルコ人が日本人に支えられたように、今回、日本人はトルコ人に支えられた。人は支え合ってしか生きて行けないということを、この国民的悲劇により、人びとの心に衝撃をあたえ、非営利協同セクター、ボランティア活動などの存在意義が広く周知されたのである。同時に、このような活動を行った市民団体の多くが、規模が小さいことを理由とした、法律上の制限により公益法人になれず、寄附金の優遇を受けることもできないということが問題として浮かび上がった。これまで、「長い間、民間の非営利活動の中心となってきたのは民法上の公益法人であるが、民法制定当時、公益活動は政府の指揮監督の下で行うというのが基本思想であり、民間によるものは想定されていなかったため規模の小さい団体は法人化できない等の問題点があった」[8]のである。民法上の公益法人（旧公益法人）は税制上の優遇や多種多様な補助金という既特権を得て、政府に代わって公益活動を行った。第二の役所とまで呼ばれ、天下りの温床となるほど政府と癒着したのである。

　日本の非営利協同セクターについてサラモン、アンハイマーは規模としてはかなり大きな非営利協同セクターが存在すると指摘している。しかし、それは分野ごとに異なった法律により、いくつもの別々のサブセクターに分断されているという。そして、このような細分化された法律は比較的狭い範囲に限定した機能を行う場合に限り非営利組織の設立を

認めるのであると述べる。そしてその場合においても所轄省庁の認可がなくてはならないと指摘するのである。

　震災をきっかけとして、民間団体に対する法制度、税制度が議論され、1998年12月1日に特定非営利活動促進法（平成10年法律第7号、いわゆるNPO法）が施行された。その結果、小規模な公益活動を行う団体も、非営利協同セクターとして容易に法人格を取得できることとなった。このような、経緯を踏まえて近代以降における非営利協同セクターは誕生したのである。

　一方、非営利協同セクターの先進国である欧米諸国では、地域との関わりにおいて、社会問題を解決する役割を担うなど、さまざまな形で活動を行っている。以下においては、アメリカのシリコンバレーにおける非営利協同セクターの役割についてみていく。

## 2. シリコンバレー[9] における 非営利協同セクターの役割

　アメリカ・カリフォルニア州の、シリコンバレーは、サンフランシスコの南に広がる大きな湾岸部である。今日のような集積の原型が形成され、「シリコンバレー」という名称が生まれたのは1970年代である。シリコンバレーは地域外とリンクしながら、世界の半導体、コンピュータ、通信産業などの開発拠点を軸に大きな集積が形成されている。この集積には大企業もあるが、小さなベンチャーが多数群がっており、産業集積の代表的な例として、世界的にも名高い地域である。

　しかし、1980年代末から90年代初頭にかけて危機的状況に陥ることとなり、このような状況を脱するに当たって、産官学民を超えた非営利組織である「ジョイントベンチャー＝シリコンバレー・ネットワーク」（SVN）が設立されたのである。SVNは、福祉や教育、環境の問題を地域レベルで解決し、併せて新企業の創業支援や高度情報化への対応を促進することによって、地域の再活性化を図ることを目的としている。

　SVNは、まずサンノゼ商工会議所のメンバーを中心とするリーダーたちが活動を起こし、1993年には非営利協同セクターが活動主体とし

て設立されている。知力と行動力に優れた一流の企業家がリーダーとなり、個人、企業、労働組合、行政などから資金を集め、ボランティアの参加で事業を進めたのである。このようなSVNの活動がエコノミーとコミュニティーを媒介し、両者のバランスのとれた発展を進めることとなる。こうした活動を通じて市民企業家が自己形成的に輩出し、事業が草の根の拡大・多様化していく。1994年には、連邦政府から210万ドルの資金拠出を受けるとともに、地域開発のオピニオンリーダーとして認知されることとなる。

シリコンバレーの再生における非営利協同セクターの活動を鑑みれば、非営利組織の意義とは、人間ネットワーク、場のネットワークを創出し、仕事おこしによる地域再生を提起するものである。すなわち、社会的イノベーションとしての役割を担うものであると考える。そして、サラモンをはじめとして、多くの研究者が指摘してきたように、非営利組織におけるソーシャルキャピタルの形成という役割が、シリコンバレーの再生に大きく影響しているものと考える。

このようなシリコンバレーにおける非営利協同セクターの活動は、日本の地域においても見ることができる。近年、日本においては地方都市から都市部への人口流入が止まらず、地方創生が叫ばれるなかにおいて、イノベーションの担い手として活躍している非営利協同セクターも多く存在する。こうした非営利協同セクターの台頭によって地域産業の活性化が図られている事例も少なくない。例えば、福井県池田町では、地域資源である土を見直し農業政策を促進させている。ここでは、非営利協同セクターが主体となり、改革の土壌を形成させることによって地域産業の活性化を図っているのである。以下では、福井県内において高齢化率第1位である池田町の事例をみていく。

## 3. 福井県池田町における非営利組織の役割
### －地域との協働－

### （1）池田町の概要

池田町は、福井県の東南部に位置し、岐阜県に接する典型的な中山間

地域である。交通のアクセスは、公共交通のバス便も少なく、自動車による交通が基本である。町にはコンビニが1件もない。しかし、町内38区中34区に神社があり、なかには6世紀ごろに創建されたとされるものも存在する。町の人口は2,587人、高齢化率43.11％（2019年1月末日現在）、町の面積の約92％は山林であり、農地は約500haと、農林業が基盤という、のどかで豊かな日本の農村風景が広がる町である。

これまで、池田町では、清き水、きれいな空気、肥沃な土、豊かな文化を磨こうと「自助・共助・公助」の理念、「相互扶助」の精神を基にさまざまな取組みを展開している。

以下、具体的な取組み事業項目を掲げる。

(ア) 生ゴミをリサイクルする「食Uターン事業」「ゆうきげんき正直農業」「エコポイント事業」などの農業事業により、農産物の付加価値を高めている。

(イ) 安心して子どもを産み、育てられる、子育て支援・教育振興事業では母親の健康管理に係る費用の軽減、乳幼児医療費無料化などを行い、子育てを支援している。

(ウ) 高齢化が高くともお年寄りが元気に暮らせる、総合保健施設ほっとプラザを中心とした保健・福祉事業により、福祉の増進を図っている。

(エ) 約800年続く「水海の田楽・能舞」の伝承などの文化財保存事業の促進を図っている。

(オ) 冠山などの山や川を守る自然保全事業の促進を行っている。

(カ) 町民有志の100人のパートナー会議による「環境向上基本計画」の策定など、「有名から名門へのまちづくり」を目指して取り組んでいる。

このような池田町では、非営利協同セクター、NPOが、農業政策の振興において企画段階から実施・評価まで関わるなど、主体形成を担っている。

**（2）一般財団法人池田町農業公社の設立経緯と現状**

池田町は水稲単体地で、ほとんどが兼業農家であるため、米以外に農

産物の販売経験をもたない農家が多い。このような地域において、生き残りをかけて打ち立てられたビジョンは「農業復活」と「環境向上」であった。

　つまり、住民たちは自然や環境とつながった生活文化に気づいたのである。元々は、各農家で多品種の野菜を生産していたのであるが、各農家で消費されるのみで販売はなされていなかった。住民たちは、これを百の技で逸品を生み出すとの考えのもと、「百匠一品」のブランド化として取り組んでいったのである。これは、自給的兼業農家の主婦たちがつくる農産物を少量多品目というスタイルで商品化するというものである。住民は安心・安全な野菜を提供したいという思いで、福井市内に直売所をオープンさせた。それが、大型ショッピングセンターの一角に有する「こっぽい屋」である。そして、その運営母体となるものが、非営利組織である一般財団法人池田町農業公社（以下、池田町農業公社という）である。この池田町農業公社は、農地保有合理化法人として、農家の限界耕作地の管理耕作を担うことを目的として、1994年に立ち上げられた。出資は、池田町と福井県池田町農業協同組合であり、出資比率はほぼ同一である。このように池田町では、NPO法が制定される以前から、前述の図14-1に示した非営利協同セクターが設立されているのである。

　2016年7月現在の職員数は生産を担う者4名、加工職1名、事務職2名で運営されている。池田町農業公社は、前述の限界耕作地の管理の他、農業経験のない県外からの移住者などに農業指導を行うなどの人材育成を担っている。そもそも、池田町では、定住促進のための「ふるさと十字軍」という施策を行っていた。この施策は、県外からの移住者が池田町に20年ほど定住すると、耕作地、宅地建物が配分されるというものである。これまでの移住者は30代から40代の若い世代が多く、大都市からのIターン者であることから農業経験者はいない。このようなことから、池田町農業公社が無償でこれらの移住者に技術指導を行うものである。さらに、池田町農業公社は、移住者に地域の伝統文化や伝統産業等についての伝承を介してコミュニケーションの向上を図って

いる。

　以下の図14-2に示されるように、NPO法人環境Uフレンズは生ごみ
を回収し、完全無化学の有機肥料をつくり、その堆肥で作物をつくる農
家、それを消費者に販売するこっぽい屋や宿泊施設を提供するコムニタ
がある。このように池田町では、池田町農業公社をはじめとする非営利
協同セクター、NPOが中心となり、地域づくりを担っているものと考
える。そして、これらの非営利協同セクターのネットワークも密につな
がっていることがわかる。また、図14-3に示されるように、土、米、
農業を介して非営利協同セクター、NPO、農業生産者はつながってお

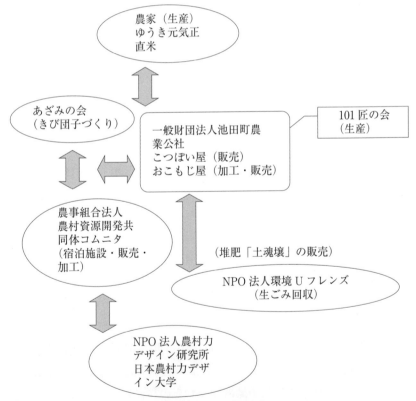

**図14-2　NPOを中心とした持続可能な地域活動**
資料：一般財団法人池田町農業公社、事務局長及びこっぽい屋店長などのヒ
　　　アリング調査より筆者作成。

（生産・加工・販売・宿泊等において、協働により事業が取り組まれている）

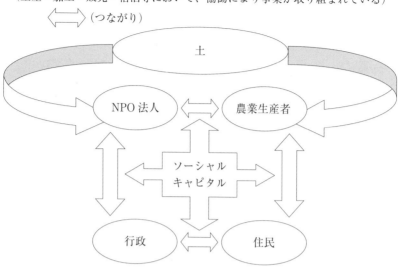

**図14-3　土を中心とした地域内資源循環社会**
資料：一般財団法人池田町農業公社、及びコムニタ関係者のヒアリング調査
　　　より筆者作成。

り、その根底には、行政、非営利協同セクター、NPO、住民のソーシャ
ルキャピタルが醸成されているものと考える。

　以上のことから、非営利協同セクター、NPOは地域のさまざまな受
け皿としての役割を担っているのではないであろうか。このようなこと
から、以下においては、池田町農業公社のなかにおいて、最も機動力を
発揮している、こっぽい屋の事例を取り上げる。

### （3）こっぽい屋と人材育成－知識創造－

　こっぽい屋は、池田町の農産物直売所として1999年にオープンした。
現在の大型ショッピングセンターに販売所を構えるに至った背景は、福
井市内におけるショッピングセンターのいずれもが、小さな農村の取り
組みに関心を抱かなかった点にある。

　つまり、いずれのショッピングセンターも、効率性や経済を優先する
ため、集客力を見込めるか否か不透明な農村の取り組みに、興味を示さ

なかったのである。このようななかにおいて、ただ唯一、現在のショッピングセンターが話に耳を傾け、漸く出店にたどり着いたのである。

　店舗全体の大きさは30坪ほどであるが、1999年度の売上高は40,800千円、来客数75,278人、2008年度は売上高は138,665千円、来客数194,557人と現在まで販売実績や来客数を伸ばしている。この成功要因のひとつは、生産者が毎日交代で店舗に立ち野菜、山菜の調理方法や生産者の情報について、消費者とコミュニケーションを図りながら販売を行っているということである。また、店長は、消費者とのやり取りのなかで消費者が求めているものをキャッチし、それを生産者に伝える。そして、生産者はニーズに合わせて商品づくりを行う。例えば、梅干を簡単に漬けたいと希望する消費者に対しては、梅干キッドを販売する。まさに、欲しいと思う物が手に入るのである。さらに、野菜についての知識を深めてもらうために、即席のミニ野菜講習会などが行われ、販売とともに知識の伝達も行っている。

　このように、売上高が順調であった要因には、消費者情報、生産者情報を共有化し信頼性を高め、消費者が求めるものをいち早くキャッチしているところにある。また、農産物だけではなく、さまざまな商品づくりも行われており、以下の表14-2は、消費者と生産者の会話から生産者が学習し創造的なものをつくり出している商品の一例である。一般的に流通過程が複雑化しているなかにおいて、こっぽい屋は消費者と生産者が対話をしながら、学びながら商品開発を行っている。

　つまり、Face to Faceによるコミュニケーションが形成され、知識創造が構築されていると考える。

　しかし、販売者は生産者でもある農家の女性であり、これまで販売経

**表14-2　こっぽい屋のアイデア商品**

| 商品の一例 | | | |
|---|---|---|---|
| 手作りお手玉 | しゃもじ | 廃油石けん | のれん |
| おしぼりトレー | 米ぬか温シップ | アクリルたわし | 調味料入れなど |

資料：こっぽい屋でのヒアリング調査、実地調査より筆者作成。

験を有していた者ではない。このような生産者が、販売実績を伸ばすことができる人材の育成とはどのようなものであろうか。それは、販売者である生産者は、生産者とのつながりにより、さまざまな情報を入手することができるということである。この生産者情報を販売の際に消費者に伝えることにより、生産者の顔が見え、農産物に安心と安全という付加価値を高めることができる。これらのことが販売の促進につながるのである。

　つまり、販売実績を伸ばす人材の育成は、地域におけるつながりというソーシャルキャピタルの蓄積によりなされるものであると考える。また、池田町では38区のうち34区に神社があり、人びとはそれを大切に守ってきた。さらに、池田町は八百年来継承されている、田楽能舞という国の重要無形民俗文化財を地域全体で保存している地域である。このような、自然や文化とともに共存しながら生活するという環境が、生涯教育に影響を及ぼし、生活の質の向上につながるものと推測する。

　こっぽい屋を支えている生産者は、2016年7月現在135名であり、うち6名が男性生産者、129名が女性の生産者ということである。平均年齢は70代後半であり、高齢化が進んでいる。しかし、生産者は、毎日早朝から、田畑に出て収穫をし、町内に20か所設けられた集配場に農作物を運んでいる。また、生産にあたっては、池田町では、独自の栽培基準と認証制度がつくられ、減農薬、無化学肥料農業が展開されているため、野菜には多くの害虫が発生することになる。この害虫を一つひとつ手で捕るという、気が遠くなる作業が行われている。このひと手間が、池田町の野菜はおいしいといわれる所以でもある。平均年齢は高くなっているが、生産者は手間暇をかけ農産物の出荷を行っている。

　では、このような人が嫌がることを喜んで行うという、生産者を支えている要因はどのようなところにあるのであろうか。生産者のヒアリング調査によると、生産者は、池田町のものを出すには、きちんとしたものを提供するという誇りをもって生産を行っているとのことである。この誇りは、池田町の自然や文化などを認識しているからこそ、池田町という地域に対する誇りをもつことができるものと考える。また、消費者

は家族と同じであり、安心、安全なものを提供したいとの思いから手間を惜しまないとのことである。つまり、生産者を支えている要因のひとつは、誇りや情熱、思いやりであるものと考える。

さらに、生産者を精神面から支えているものとして、集配場というコミュニティーの場も重要な要素であるものと考える。集配場は生産者が常時10名から20名集まる場、コミュニティーの場、憩の場、居心地の良い場であるものと考える。ここに集まり、世間話をすることにより、生産者は心の休息を得ることができるのである。このような場について、オルデンバーグ（2013）は「インフォーマルな公共生活の中核的環境」[10] と意味づけ、お楽しみの集いのために場を提供する、さまざまな公共の場所の総称であると論じている。人は、コミュニティーの場でつながることにより、元気になり、生命を維持することができる。

こっぽい屋の設立により生産者は、各農家だけで消費されていた農産物が販売できるということに気づいた。まさに、地域資源の発掘である。さらに、仕事おこしにより、社会参画という機会がつくられたのである。そして、生産者と消費者との会話により、アイデア商品づくりが行われるなどの人間発達がなされる。

つまり、こっぽい屋は、「人間の欲求の最高表現である生きがいや、自己実現を果たしうる機会を日常生活の過程でつくりだす」[11] ものである。そして知識を創造するという役割を担っている。

こっぽい屋のような非営利協同セクターが中心的な役割を果たす事例は池田町には多くある。例えば、1998年に設立された、野菜加工業や製造などを手掛ける女性グループ101匠の会である。101匠の会は（図14-2）にも示されるように、池田町農業公社の会員でもあり、ゆうき元気正直米などの生産を行っている。当初は100名ほどで組織されていたが、年々会員数は増加している。また、101匠の会憲章をつくり、池田で暮らすことを楽しみとし、本物のものづくりを謳っている。

また、同時期に池田町農業公社は、伝統加工技術の継承を目的に加工と販売を担う、おこもじ屋をオープンさせた。主として、おこもじ屋は、旬を過ぎた野菜を保存食である漬物に加工し、販売を行っている。

これらはいずれも、農家の女性が主体となり、いかに池田町の野菜をおいしく、消費者に提供できるかということを学習しながら運営を行っている。

　さらに、生ごみの回収をNPOが担うという全国でも珍しいNPO法人環境Uフレンズがあり、土を中心とした地域内資源循環社会の促進を図っている（図14-3）。

　以上のように、地域産業の促進は行政主導ではなく、非営利協同セクターが住民を巻き込んで行われているのである。

## （4）コムニタの設立と生涯学習

　1994年、非営利協同セクターとして農事組合法人　農村資源開発共同体（通称コムニタ、以下コムニタ）が発足し、1996年に宿泊施設として、ファームハウス・コムニタがオープンした。コムニタとは、イタリア語で共同体を意味する。2016年7月現在における従業員数は、有給職員6名、パート職員15名であり、主として宿泊施設を担っている。職員のなかには、神奈川県や福島県からの移住者も2名いる。彼女たちは、大学時代において、キャンプ合宿の手伝いを行ったことがきっかけに、移住したのである。彼女たちにとって、コムニタは、居心地の良い場所、ほっとする場所であるという。この居心地の良さは、都会では決して感じることがなかった、心のよりどころの場であるという。

　その要因はいかなるところにあるのであろうか。コムニタの事業は、農業生産事業と生活文化事業である。前者においては、生産事業、市民農園事業として、住民とのふれあいにより、楽しさが実感できる農業体験が行われている。このように、コムニタでは、農家の人とふれあいながら、作業を行うことが多い。例えば、池田町の名物である、きびだんごづくりは、きびを植えることから始め、収穫から炒るところまで、すべて手作業で行われている。これらの作業は、10代から80代までの住民が一緒になって和気あいあいと進められる。また、コムニタで提供される食事は、化学調味料を使わず、伝統と知恵を活かしたものであり、高齢者が若者に調理法を伝授している。

このような作業の場における、つながりが、人をリラックスさせ、心を穏やかにさせる要因のひとつとなっているものと考える。さらに、コムニタの若い職員は、高齢者が、一つひとつの作業について、丁寧に仕事を行うという姿勢を目の当たりにする。その姿勢を見て、若い職員は多くのことを学ぶという。このような場は、生涯教育の場でもあり、暗黙知による知識の蓄積といえよう。

2005年、NPO法人農村力デザイン研究所が設立され、このNPOにより、日本農村力デザイン大学は運営されている。この大学の目的は、農村力を活かせる人材の育成を図るとともに、農村力を活かした事業の実施、農村力の調査・研究を行うものであり、行政の施策として設立されたものである（図14-2）。

毎年4月末、11月末に2泊3日での勉強会が行われ、昼間は能楽の里文化交流会館で学び、夜はコムニタで合宿を行い交流が図られている。県内外から、大学生、学校関係者、農業に携わる人などさまざまな受講者が集まっている。受講者のなかには、これをきっかけとして、池田町において農業に携わる者も数名いる。また、デザイン大学での講演を行ったことが、きっかけとして、池田町に移住した県外出身者も珍しくない。このように、日本農村力デザイン大学を通じて、池田町の自然と文化にふれあうなかで、都会では見失いかけていた自然の力を再発見するものと考える。池田町での米を中心とした農業政策はNPOを介して、人を育てるという教育を促進させるものとなっている。

## 4. 非営利組織と地域産業

池田町では非営利協同セクター、NPO、行政、地域住民が協働により地域産業政策が行われている。その主体的役割を担っているのが、非営利協同セクター、NPOである。池田町における非営利組織の設立の経緯を整理すると、こっぽい屋の経営母体である一般財団法人池田町農業公社は池田町の施策により、池田町と福井県池田町農業協同組合との共同出資により設立された非営利協同セクターである。つまり、行政の施策として設立され、仕事おこしにより雇用の創出を図っている。

NPO法人農村力デザイン研究所は、農村力を活かせる人材の育成を図るとともに、農村力を活かした事業の実施、農村力の調査・研究を目的に池田町の施策により設立されたNPOである。NPO法人環境Uフレンズは、行政による食Uターン事業として設立されたNPOである。一方、農事組合法人　農村資源開発共同体（コムニタ）は、非営利協同セクターであり、池田町農協青年部による有志により設立されたものである。設立にあたっては、行政が補助金により支援を行っている。

　このように、池田町の非営利組織である非営利協同セクター、NPOの多くは、行政による農業の再開発政策として設立されているが、これらの活動を担っているのは住民である。例えば、こっぽい屋は、前述のように生産者と消費者が対話により、学びながら加工食品、エコ商品などの商品開発を行っている。このことは、個々人が知識を蓄積し潜在能力を発達させているものである。環境Uフレンズでは、100名を超える住民が生ごみの回収を行い、NPOを支えている。コムニタでは、宿泊事業での食材提供、料理指導においては、近隣住民が非営利協同セクターの職員のサポートを行っている。また、米粉のパン、きび団子などのオリジナルの商品づくりでは、高齢者、学生など多くの住民が関わりながら作業を行い、地域産業を発展させている。

　つまり、非営利協同セクター、NPOが仕事おこしにより、雇用の創出を図り、商品づくりを通じて人びとは共同体の生活に役割を果たし得るのである。池田町においては、住民関係がヨコ型であり、多くの人びとが水平的な関係をもち相互に対等な立場で連携を行っている。非営利協同セクター、NPOが持続的に発展させ、地域の課題に向き合い、行政や営利企業とは異なった役割を果たすためには、ヨコ型の構造が必要不可欠である。非営利協同セクター、NPOが地域とともに持続的に発展するために、行政はこうした環境を整える役割を担う。その背景には、コミュニティーにおけるヨコのつながりが緊密であるということが大きく影響しているものと考える。若者と高齢者のつながりを非営利協同セクター、NPOがコーディネートしているのである。

　つまり、公共性を追求するのは行政だけではなく、公共の担い手は非

営利協同セクター、ＮＰＯをはじめ、住民すべてが担うという考えが地域に根付いている。このような「相互依存関係が緊密な地域社会においては、高度な自己組織能力を持つ社会」[12]となり、学習する地域としてイノベーションが形成され、地域産業が発展するのである。

　学習する地域論を唱えたフロリダ（1995）[13]は、「地域」を「学習」と「知識創造」の場として捉えている。すなわち、知識の実践の「場」を地域に求めたのである。このようなフロリダの理論を用いると、非営利協同セクターは人間ネットワークという、ソーシャルキャピタルを形成させ、地域において学習する場を創出する役割を担っているものと考える。

　以上のように、経済主体の面で、非営利協同セクターの存在が重要になっているのである。

### 》注

1) レスター・サラモン　江上哲監訳『ＮＰＯと公共サービス』ミネルヴァ書房、2007年

2) NPO研究フォーラム編『NPOが拓く新世界』清文社、1998年 pp.11-31

3) ドラッカー著　上田惇生訳『非営利組織の経営』ダイヤモンド社、2007年序文

4) 熊谷文枝編著『日本の地縁と地域力』ミネルヴァ書房、2011年 p28

5) 福田アジオ編『結衆・結社の日本史』山川出版、2006年 pp.81-82

6) 渡辺光子『NPOと自治体の協働論』日本評論社、2012年 p15

7) 日本のNPOの変遷については、山本啓・雨宮孝子・新川達郎編著『NPOと法・行政』ミネルヴァ書房、2002年 渡辺光子『NPOと自治体　の協働論』日本評論社、2012 などを参照。

8) 雨宮孝子「公益法人課税をめぐる改革議論の行方と展望」『税理』46巻12号、2003年 p24

9) 清成忠男・橋本寿朗『日本型産業集積の未来像』日本経済新聞社、1997年 p32

10) レイオルデンバーグ　忠平美幸訳『サードプレイス』みすず書房、2013年 p59

11) 池上惇『経済学』青木書店、1991年 p4

12) アンソニー・ギデンズ　佐和隆光訳『第三の道』日本経済新聞社、1999年 p139

13) Florida, Richard (1995) Toward The Learning Region, Future, Vol.27 No.5, pp.527-536

## 【学習のポイント】

［1］非営利組織と細分化された法律の必要性について、欧米諸国の比較において、どのように捉えるべきでしょうか。

［2］本章で取り上げた池田町の事例では、行政からの補助金により非営利協同セクターの活動が成り立っているという側面がある。行政と非営利協同セクターの協働のあり方について、いかにあるべきか。自分自身の意見をまとめよう。

［3］非営利協同セクターの役割について、本章で取り上げた事例以外にどのようなものがあるだろうか。調査してみよう。


## 【さらに学習を深めたい人へ】

［1］金川幸司『協働型ガバナンスとNpo』晃洋書房、2008年

［2］稲葉陽二ら編『ソーシャルキャピタルのフロンティア』ミネルヴァ書房、2011年

［3］塚本一郎・柳澤敏勝・山岸秀雄編著『イギリス非営利セクターの挑戦』ミネルヴァ書房、2007年

## ティータイム

### 日本の原風景・池田町

　本章の事例で取り上げた福井県池田町は、日本の原風景を感じることができる地域である。豊かな自然、伝統芸能の能楽、それにともなう能面芸術の文化を受け継いできた町である。

　兼業を含め3分の2近くの世帯が農業を営んでいる。町全体で有機栽培への取組みが進んでおり、化学肥料なし、農薬も可能な限り使わない米や野菜づくりを行っている。特に、除草剤の量を制限した米は「うららの米」は都市部などの消費者に人気を得ている。

　豊かな自然に憧れ、グリーンツーリズムを通じて都市部よりIターンをする人も多い。

　池田町は福井県のなかでも豪雪地帯として知られており、冬場の厳しさはあるが、四季の移り変わりを感じることができる町なのである。

# 15 | 地域産業の発展と主体形成の課題

北川太一

本講義の梗概を確認し、地域産業の発展に関わる3つの視点（人、環境・資源、経済）を提示する。そのうえで、食と農を軸にした地域産業の発展を考えることの現代的意義と主体形成に向けたプラットフォームづくり、ならびに持続的な地域社会実現の展望について考える。
《キーワード》 食と農の乖離、プラットフォーム、SDGs、貨幣的経済と非貨幣的経済

## 1. 本講義の梗概と地域産業の発展に関わる3つの視点

### （1） 本講義の梗概

本講義においては、地域産業について、農業、食料産業、6次産業化や農商工連携も含めた食と農に関わる関連産業（アグリビジネス）を念頭に置きながら、地域のさまざまなステークホルダー、すなわち自治体行政、地元企業、協同組合やNPOなどの非営利協同組織、事業・活動グループ、地域住民や交流者などによる主体形成と地域経営（地域マネジメント）のあり方について、理論と実践（ケース）の両面から、各章においてさまざまな角度からアプローチしてきた。

具体的には、第1章及び第2章において、講義の目標を設定し、それらをめぐる背景と先行研究の整理を行い、国土政策をはじめとする関連政策の変遷を概観した。第3章から第5章では、地域経営の概念に着目しながら、食と農が基軸となった地域コミュニティや産業の活性化について論じ、福島県における醸造用ブドウとワイン産地の事例をもとに考察した。第6章から第8章では、地域住民や農村女性が主体となった地域ブランドの形成とコミュニティビジネスの展開に注目し、農業経営論

や地域活性化論との関連についても論じながら、滋賀県及び兵庫県の農村起業と集落営農組織の事例をもとに、女性が中心となった主体についての特徴を考察した。

　さらに第9章から第11章では、グリーン・ツーリズムの展開上にある農村レクリエーション活動と農山村の未利用資源の活用の観点から、地域産業の発展方向について論じるとともに、オランダの事例をもとに農業・食品産業国における産学官連携による地域産業の展開について考察した。第12章から第14章では、食農分野と関連する地場産業としての製造業、ならびに地域産業の主体としての非営利組織やものづくりの役割にも注目しながら、地域産業の発展形態について論じ、それらについて広島県東広島市における産業集積や酒産地、ならびに福井県池田町の事例をもとに考察した。

## （2）地域産業の発展に関わる3つの視点

　このように、いずれの章においても伝統的な産業振興の視点のみにとらわれることなく、地域経営や地域内連関、地域活性化、地域住民や農村女性が主体となった地域の発展、農村都市交流を超えたレクリエーションの展開や未利用資源の活用、地場産業と食農産業との結びつきなど、さまざまな形で地域産業が展開する論理とケースが描かれている。

　そこで、これまでの内容も念頭に置きながら改めて地域産業の発展を定義づけるならば、それは、必ずしも従来型のような地域への大型プロジェクトの誘致や企業の進出促進といった地域開発ではないものとして捉える必要があり、現代的な地域産業の発展は、次の3つの視点（評価軸）を強く意識すべきものと考えられる。

　第1は、人の視点である。人口減少時代に入るなかで地域における人と人とのつながりを再構築すること、地域内外との交流の促進による関係人口を増やしていくことである。

　第2は、自然環境・地域資源の視点である。地域の空間を構成する豊かな自然環境が適正に保全されていること、特に農林地をはじめとする土地や伝統的な有形・無形の文化資源が適正に維持・管理され、かつ地

域の発展のために有効に活用されていくことである。

第3は、経済の視点である。言うまでもなく、農林業をはじめとした地域（地場）産業の振興やそれにともなう農家・地域住民の所得向上は欠かせない。そのためには、さまざまな形で地域住民が主導して小さな事業を起こし、それを地域内で循環させていくしくみの構築が求められる。

このように考えると、地域産業の発展とは、人・社会、環境・資源、経済のバランスがとれた発展をめざす取組みであり、それを実現する舞台となるのが地域であると考えられる。したがって、地域は単なる面的な意味ではなく、人も含めた有形・無形の資源（財）が存在し、さまざまな機能が重なり合った空間であると捉えることができ、資源（財）の存在量やどのような機能に重点が置かれるかによって、望ましい地域の大きさ（適正規模）が定まると考えられる。その際、とりわけ重要になるのが、第1の視点である人と人とのつながりを入り口として考えることであろう。地域でできることは地域にという政策基調が続くなかで、国、行政の責任は明らかにしつつも、地域に存在するさまざまな主体が連携・協働することによって、地域の課題解決に向けた活動に取組み、それを内外に見える化していく姿勢が重要である。

## 2. 食と農を軸とすることの現代的意義

実は、食と農を軸にした地域産業の発展方向を考えることは、地域におけるつながり、さらには関係人口を育むうえで大変重要な視点である。それは、わが国の食と農をめぐる次のような乖離が起こっており、食と農を基軸とすることが両者に関わる人たち（生産者と消費者）、さらには地域（むらとまち）を結ぶ可能性があるからである。ここで食と農の乖離とは、次の3つの点を指す[1]。

第1は、時間的・地理的距離の拡大である。日々の食料を遠い外国に頼ること、それにともなう地場・近隣産地からの供給比率の低下は、生産地から消費地に至るまでの時間的・地理的距離の拡大を招く。日本の食料自給率は37%（カロリーベース、2018年度）と依然として低く、主

要先進国においては最低水準である。

　第2は、段階的な距離の拡大である。日々の食生活が外食や中食・加工食品に頼りすぎる結果、流通過程が必要以上に多くなるとともに、産地における荷姿を変えて消費者のもとに届く。その結果、食材の原型に対する意識が薄れることや、素材、旬を実感する機会が失われる。また、外食や中食が扱う食材は依然として輸入農産物の割合が高いとされており、上述の時間的・地理的距離の拡大とも連動している。

　第3は、心理的な距離の拡大である。上述の二つの距離の拡大が食と農を結びつけて考えることを困難にし、日頃の食事（食卓）と生産現場（農業）との乖離（食と農の乖離）が生まれる。消費者や地域住民の農業に対する無関心化、農業がイメージできない子どもも少なからず存在すると言われている。

　こうした食と農が乖離する状況のなかで、少しでもその距離を短くすること、つまり食と農を結びつけた地域の発展方向を描くことが非常に重要になる。同時に、食と農を結ぶ地域産業の発展を促す主体形成を図ることが求められているのである。

## 3. 地域産業の主体形成とプラットフォームづくり

　産業政策のみの観点ではなく地域政策、具体的には、地域のさまざまな人たちが食と農の領域に関与し、人と組織、団体をつなぐという点からみた地域産業の主体形成について、ＪＡ福井市における「ジンジャーガールズ」の事例を基に考えてみたい[2]。

### （1）設立の経過

　2011年、ＪＡ福井市の女性部員から「家族の健康のために安全で安心な野菜作りをしたい」という声が上がり、ＪＡ女性部に目的別グループのひとつである営農部会が結成された。開始にあたっては、まずＪＡの営農部門と連携して、土づくりなど営農技術向上のための学習会に積極的に取り組み、ここから女性によるブランド野菜を確立すべく薬効の高いショウガに着目するに至った。当時、ごく一部の地域で栽培されて

いたショウガであるが、風邪の予防や冷え性対策、さらにはダイエットや美容にも良いとされているために女性の関心が高まり、一定の需要もあるということでグループとして栽培することが決定し、ＪＡ女性部に新たな目的別グループとして農産物の加工や健康・生きがいづくり活動を行うジンジャーガールズ部会が設立された。

　このように、ショウガの栽培は営農面と健康・生活面の問題が関わることから、ＪＡの営農指導員と生活指導員とが情報交換を行いながら連携し、多方面から活動を支援することとした。具体的には、季節に応じた栽培管理方法や健康情報などを掲載した「ジンジャー新聞」の発行、休耕田を活用したモデル圃場でのショウガ栽培調査（生育調査や栽培講習など）、後述する商品開発に向けての企画提案・試食会の開催などである。

　そこで、活動に参加する女性（ジンジャーガールズ）を管内から広く募集するとともに、ＪＡの営農・生活指導部署はもとより、経済（生産購買）、店舗（農産物直売所、Ａコープ）、信用、広報の各部署、ならびに県厚生連とも連携しながら、①初年度（2012年度）は普及拡大、②2年目は品質のレベルアップ、③3年目は産地化と加工品の開発、という当面の目標を定めた「女性ブランド野菜3か年計画」を策定してひとつずつ階段を登っていくことがめざされた。

## （2）加工品開発と市場出荷

　2013年からは、加工品開発に向けての準備・試作が取組まれた。その結果誕生したのが第1弾の商品「生姜しょうゆ」で、メンバーが企画し、製造は地元醤油会社と提携した共同開発である。細かで面倒な作業を繰り返し試行錯誤しながらでき上がったというが、メンバーは単に企画するだけではなく、ショウガを洗い、切り分けてすりおろすといった面倒な下処理を担当するなど積極的に関与した。その結果、売れ行きもよく、翌2014年には10,000本を生産するに至った。また同年には、第2弾の商品「しょうが愛す」（アイス）、秋にはショウガを使った料理コンテスト優勝のレシピを活用した第3弾「生姜ごはんの友」（混ぜご飯の

具）、2015 年には「福井生姜え〜る」（飲料）と「生姜あられ」などが開発され、ＪＡの農産物直売所や店舗での販売が開始された。

　こうした加工品の開発・販売により部会活動の認知度が高まるとともに、2014 年度からは、畑がない人でもショウガが栽培できるようにプランターを使って取組む人を募集するなどの工夫が行われた結果、ジンジャーガールズのメンバーは1,717名（2018 年度末）となり、発足当時（409名）の3倍近くとなった。また、2014 年度秋からはショウガを市場に出荷すべく、ＪＡの販売担当部署の支援も得ながらメンバーで目ぞろえ会を行い、この年の秋の収穫量約10トンのうち2.6トン、翌年には3.5トンのショウガを市場に出荷し、販売金額は約600万円（2015 年度）となった。

## （3）ＪＡの役割　－活動を支える「総合力」－

　ジンジャーガールズの活動は、まだまだ規模も小さく些細な内容である。しかし、小規模農家、特に女性や高齢者が共通の場に参画するプラットフォームづくりという観点からは、いくつかの示唆が与えられていると思われる。プラットフォームとは、もともとの意味は、地域住民の生活を支援するために多様な団体・グループが連携してつくるしくみのことであり、特に最近では、地域づくりの活動等において、従来の活動やサービスの枠組みを超えて組織の目的は多少違えども、さまざまな組織・団体が連携・協働する場をつくりながら、個別ではできない地域のニーズに応えていくためのしくみづくりをいう[3]。

　ジンジャーガールズの取り組みの背景には、もともとはＪＡ福井市における長年の女性部活動があった。そこでは部員数の低迷、高齢化、さらには活動のマンネリ化という問題に直面しており、その解決の糸口を見い出すべく従来型の支部単位の組織に加えて新たに目的別のグループを編成し、縦横のしくみづくりが行われた。いわば、組織・地域ありきの活動だけではなく、まず活動ありきのしくみを導入することによって地域と活動目的に対応できる組織の形態を整えたのである。このことによって活動のための参画の場（プラットフォーム）が形成され、その結

果として営農部会を生み、そこから部員同士の話し合いによってジンジャーガールズ部会が誕生したのである。

　こうした活動の展開プロセスにおいて、営農指導（栽培講習）、生活指導（健康、女性組織事務局、新聞発行）、販売（農産物直売所、市場出荷）、生産購買（肥料、農機具）、生活購買（Ａコープ）といった営農・生活関連部署との横断的連携があった。さらには、信用・旅行（メンバーの視察研修資金をつくるための積金）、総務・広報（地元放送局とコラボした収穫体験や料理コンテスト）なども含めて、ＪＡの大部分の部署が活動に関与することでジンジャーガールズの取り組みが展開したと言える。まさに、複数の事業を営み事業と活動を行う特性（総合力）が発揮されることで、こうしたサポートが可能になったと言える。

### （4）地域社会との連携

　ジンジャーガールズの活動は、ＪＡ組織の枠内にとどまるのではなく地域との連携を深め、地域の活性化に貢献していることにも注目したい。例えば、福井市郊外の中山間地にあるＡ地区は、7集落からなる人口200人ほどの地域であるが、ＪＡ福井市の助けあい組織の活動が展開されているとともに、廃校になった小学校の校舎を活用した公民館活動も行われてきた。

　ここにジンジャーガールズの活動が加わってくる。その結果、90歳の女性メンバーも加わるなどショウガ栽培を通した高齢者の生きがいづくりにつながるとともに、栽培に関心をもつ男性も活動に参加するようになった。栽培だけにとどまらない、健康づくりや食生活改善を意識したショウガ料理の実演会、商品加工の取り組みが、農家だけにとどまらずさまざまな地域住民の関心・参加を促しつつある。さらに2016年度は、域外の参加者を募った「しょうが栽培体験（オーナー制度）」を地元のジンジャーガールズメンバーと地域活動組織が共同で開催し、地元のＪＡ支店が協賛する形で県内外の大学生も含めたまちの人たちとの交流活動が展開した。

　このように、ややもすると生産者と消費者、むらとまちとの分断が起

こりかねない状況のなかで、女性や高齢者が地域の営農に関与するために活動の場を設定し、多様な人びとの関心を地域づくり問題へと向けることが必要であり、そのためのプラットフォームづくりは大変重要である。食と農を軸にした地域産業の発展の取り組みを通して、多くの人たちの理解や関心を高め、つながりを創ること、このことが長い目でみれば地域の将来を展望するうえで重要な意味を持ち、財産となる可能性がある。

## 4. 持続可能な地域社会の実現に向けて

### （1）SDGs が掲げた目標

　食と農を軸にした地域産業を考えることは、私たちが次世代、次々世代に向けてどのような地域社会を展望していくのかという問題でもある。

　この点に関連して、2015 年 9 月、国連は「我々の世界を変革する：持続可能な開発のための 2030 アジェンダ」を採択し、「貧困や飢餓の廃絶、地球環境の保全など国際社会が協力して 2030 年までに達成を目指す全世界が取組むべき課題」として、SDGs（Sustainable Development Goals 持続可能な開発目標）を定めた。SDGs では、貧困、飢餓、健康と福祉、教育、ジェンダー、安全な水、クリーンなエネルギーなど 17 の目標が設定され、そのもとに 169 のターゲットと 232 の指標が示された。それは、発展途上国だけの問題ではなく、先進国も含めたすべての国を対象に、経済、社会、環境を統合した総合的な目標となっていることが特徴である。

　こうした目標が全世界的な課題として設定された背景には、地球環境や貧困の問題がますます深刻化するなかで、これらを解決する最後の機会になるかもしれないという強い危機感がある。また、1992 年に開催された地球サミット以来、さまざまな採択・宣言、取り組みが行われてきたにもかかわらず、今日なお解決に至らない環境と開発援助、食料や資源、貧困等の問題を、より包括的に途上国のみならずすべての国々が解決の目標として掲げるべきであるとの認識の広がりがある。

　こうした国連採択に至る背景やSDGsが掲げる目標は、これからめざすべき地域産業の発展とそれを通した豊かな地域社会づくりにとって、決して無関係ではない。実際、「2030アジェンダ」においては、活動の主体を国家や企業だけではなくさまざまな団体・非営利協同組織の役割を重視し、多様な民間セクターによる創造性の発揮に期待が寄せられている。

　SDGsが国連で採択されたから、何か新しいことに取り組むのではない。まずは地域の関係者が、食と農も含めた地域の実情、さらにはそこで展開されているさまざまな事業や活動、運営方法を見つめなおすことが必要である。そのうえで、SDGsが掲げる17の目標に照らし合わせたうえで、何ができているのか（できていないのか）を点検するツールとして活用することが重要である。

### （2）貨幣的経済と非貨幣的経済

　これからめざすべき地域産業の発展と豊かな地域社会の実現に関連して、イギリスに生まれアメリカに在住する科学者H.ヘンダーソンは、

**表15-1　社会を構成する4つの層**

| ＜貨幣的経済＞ |
| --- |
| ①　私的・民間部門<br>　　生産、雇用、消費、投資、貯蓄 |
| ②　公的部門（国家、行政）<br>　　財政、インフラ整備（道路、学校など）、公共サービス、学校、医療・社会福祉、地方自治 |
| ＜非貨幣的経済＞ |
| ③　人と人との互恵的関係<br>　　家族、無償労働、自給、物々交換・おすそ分け、助け合い、ボランティア |
| ④　自然・資源<br>　　農地・森林・海などが有する多面的な機能 |

注）ヘイゼル・ヘンダーソン（尾形敬次訳）『地球市民の条件　人類再生のためのパラダイム』新評論（1999年）38ページ、ならびにポール・エキンス編著（石見尚・丸山茂樹・中村尚司・森田邦彦訳）『生命系の経済学』お茶の水書房（1987年）41ページの図を基に筆者が修正・簡略化した。

早い時期からアメリカにおいて成熟化した産業社会成功の裏には、犯罪、環境汚染、貧富の格差などの問題が発生していることを指摘し、経済成長至上主義に対して警鐘を鳴らした。彼女は、社会の構造を「貨幣化され経済統計で示される部門」（貨幣的経済部門）と「貨幣化されない利他的部門」（非貨幣的経済部門）からなるとし、さらに前者を①「私的・民間部門」と②「公的部門」（国家、行政）に、後者を③「社会的協調部門」（人と人との互恵的関係）と④「自然・資源部門」という4つに分けた（表15-1参照）。そして、経済成長至上主義の考え方は貨幣的部門のみに焦点を当てているが、実際それらの部門は、非貨幣的部門を基盤として成り立っていると同時に、貨幣的部門が生み出すさまざまな「厄介な問題」（大気汚染、廃棄物など）を非貨幣的部門が経済統計上では表れない費用（社会的コスト）として負担していることを指摘した。

　私たちがめざすべき地域社会とは、人と人との互恵的関係に基づく活動を大切にしながら自然環境を管理し適切に活用すること、これらを事業という経済的行為を通じてさらに発展させ、公的な領域も含めて、行政、民間企業、非営利協同組織、地域住民らがそれぞれの役割を発揮しながら担っていくことである。このように考えると地域産業の発展を担う主体は、社会における貨幣的経済と非貨幣的経済のふたつの領域（より正確には、民、公、互恵、自然という4つの領域）に横串をさし、領域どうしのつながりを創る役割として存在する必要がある。

## 》注

1) 食と農の乖離については、高橋正郎監修・清水みゆき編著『食料経済 フードシステムからみた食料問題（第5版）』オーム社、2016年7月も参照。

2) 本節の詳細に関しては、北川太一「水田農業地域における六次化導入の条件と総合農協の可能性－福井県の現況とＪＡ福井市の取り組みから」戦後日本の食料・農業・農村編集委員会編集・高橋信正編集担当『戦後日本の食料・農業・農村第8巻　食料・農業・農村の6次産業化』農林統計協会、2018年、所収を参照。なお、ＪＡ福井市は、2020年4月に県内10ＪＡが合併し、ＪＡ福井県として発足することが決まっている。

3) 社会福祉法人大阪ボランティア協会編集・岡本榮一編集代表『ボランティア・

ＮＰＯ用語辞典』中央法規、2004年、171ページ

## 【学習のポイント】

[1] 本講義で取り上げられたケース（事例）をふり返り、特に印象に残ったものを取り上げて、その特徴と他地域への適用可能性について考えてみよう。

[2] 身近に起こっている食と農の乖離の問題を取り上げて、その解決に向けて自分自身でできること、さらには地域で取り組めることを考えてみよう。

[3] SDGsで示された17の目標からひとつを取り上げて、これからの地域産業や社会の発展を展望しながら、現状、取り組み課題と解決方向などを考えてみよう。

## 【さらに学習を深めたい人へ】

[1] 祖田修・杉村和彦編『食と農を学ぶ人のために』世界思想社、2010年

[2] 高橋厳編著『地域を支える農協 協同のセーフティネットを創る』コモンズ、2017年

[3] 古沢広祐『みんな幸せってどんな世界 共存学のすすめ』ほんの木、2018年

**ティータイム**

## 協同組合の共益性と公益性

　本章においてＪＡの事例を取り上げたが、ＪＡというのはあくまでニックネームであり、言うまでもなく正式名称は農業協同組合（農協）である。わが国には農協の他にも、生活協同組合（生協）、漁業協同組合（漁協）、森林組合、中小企業組合、信用金庫など、多くの種類の協同組合が存在する。

　協同組合の最大の特徴は、組合員制度（メンバーシップ制）を有することである。つまり、協同組合に出資をした組合員が、その事業を利用し、運営に参画するという一体性を有しており（この点において株式会社は、株主、顧客、経営者が必ずしも一体とはなっていない）、顔と顔とが見える関係を重視し、地域に根ざした事業を展開する。

　したがって、協同組合は、一部で員外利用が認められているものの、原則は特定の組合員を対象として事業を行い、組合員の営農や暮らしの向上を図ることを目的としている。すなわち、組合員が求める共通の利益を実現するという意味で協同組合は共益性を有しており、制度的には共益組織として位置づけられる。

　ただし、実態は必ずしもそうではない。例えば、農業、漁業、林業といった第１次産業に関わる協同組合（農協、漁協、森林組合等）は、農地、海、森林といった地域資源の管理に深く関与する。また最近では、生協が農業生産法人を設立して農業経営に携わり、遊休農地の活用を図るケースもみられる。こうした地域資源は、本章（表15-1）で示したように多面的機能としての非貨幣的経済を構成しており、それが守られることは組合員だけではなく広く地域の住民にも利益が及ぶ。つまり、制度上は共益組織である協同組合であるが、地域の公益を育む重要な役割を果たしているのである。

　1995年、ICA*⁾が定めた「協同組合のアイデンティティに関するICA声明」では、その第7原則において次のように謳われている。

　［地域社会（コミュニティ）への関与］

　協同組合は、組合員が承認する方針に沿って、地域社会の持続可能な発展に努める。

　これからの協同組合が、事業を通して組合員の営農や暮らしを支援しながら、社会的な存在として地域産業や地域社会の主体としてどのような役割を発揮していくのか。その真価が問われている。

＊）正式名称は、国際協同組合同盟（International Co-operative Alliance）で、世界的なレベルで協同組合運動を進めている。現在、世界107か国、300以上の協同組合組織が加盟し、組合員総数は12億人を超える（2018年4月現在）。

# 索 引

●配列は五十音順、アルファベット順。＊は人名を表す。

# 分担執筆者紹介

（執筆の章順）

## 則藤　孝志（のりとう　たかし）

・執筆章→3、4、5章

| | |
|---|---|
| 1983 年 | 和歌山県に生まれる |
| 2007 年 | 東京学芸大学教育学部卒業 |
| 2013 年 | 京都大学大学院農学研究科（生物資源経済学専攻）博士課程研究指導認定退学 |
| | 日本学術振興会特別研究員PD、福島大学経済経営学類特任准教授・准教授を経て、 |
| 現在 | 福島大学食農学類准教授、博士（農学） |
| 専門 | フードシステム論、食と農の地域経営論 |
| 主な著書 | 『グローバル化に対抗する日本の一次産業』（分担、農林統計出版）2010 |
| | 『原発災害下での暮らしと仕事―生活・生業の取戻しの課題―』（分担、筑波書房）2016 |
| | 『Rebuilding Fukushima』（分担、Routledge）2017 |

中村　貴子（なかむら　たかこ）

| 1971年 | 大阪府に生まれる |
| 1998年 | 神戸大学大学院自然科学研究科博士課程後期課程途中退学 |
| 2004年 | 京都府立大学　博士（農学）　取得 |
| 現在 | 京都府立大学大学院生命環境科学研究科准教授 |
| 主な著書 | 第8巻　戦後日本の食料・農業・農村　食料・農業・農村の六次産業化（共著，農林統計協会） |
| | やっぱりおもろい！関西農業（共著，昭和堂） |

## 宮部 和幸 (みやべ・かずゆき)

・執筆章→9・10・11章

| | |
|---|---|
| 1963 年 | 岐阜県に生まれる |
| 1989 年 | 神戸大学大学院農学研究科修士課程修了 |
| 現在 | 社団法人農業開発研修センター研究員、オランダ・農業経済研究所（LEI）客員研究員などを経て、日本大学生物資源科学部教授。博士（農学） |
| 専門 | 農産物流通、農村資源開発論 |
| 主な著書 | フード・マーケティング論（共著　筑波書房） |
| | 動き始めた「農企業」(共著　昭和堂) |
| | グローバリゼーションとフードエコノミー　−新たな課題への挑戦−（共訳　農林統計出版） |
| | 食料・農産物流通論（共著　筑波書房） |

# 段野　聡子（だんの　さとこ）

・執筆章→12・13・14章

| | |
|---|---|
| 経歴 | 同志社大学商学部卒業 |
| | 福井県立大学経済・経営学研究科博士後期課程修了 |
| | 福井労働局、福井工業大学講師等を経て、 |
| 現在 | 安田女子大学現代ビジネス学部准教授 |
| | 博士（経済学） |
| 専門 | 会計学、労働政策、地域経済論 |
| 主な著書 | 新改訂女子学生のキャリアデザイン－自分らしさとワークライフバランス（共著、水曜社） |
| | 言語・社会・文化2Language, Society, and Culture（共著、ブイツーソリューション） |

# 編著者紹介

## 北川　太一（きたがわ　たいち）

・執筆章→1・2・15章

1959年　兵庫県に生まれる
1983年　京都大学農学部農林経済学科卒業
1990年　京都大学大学院農学研究科（農林経済学専攻）博士課程研
　　　　究指導認定退学
　　　　鳥取大学農学部助手、京都府立大学農学部講師・助教授を
　　　　経て、
現在　　福井県立大学経済学部教授（2020年4月より摂南大学農学
　　　　部教授就任予定）、博士（農学）
専門　　農業経済学、協同組合論
主な著書　『新時代の地域協同組合』（単著、家の光協会）2008
　　　　　『協同組合の源流と未来』（分担、岩波書店）2017
　　　　　『食料・農業・農村の六次産業化』（分担、農林統計協会）
　　　　　2018

放送大学大学院教材　8930783-1-2011（ラジオ）

# 地域産業の発展と主体形成

発　行　　2020 年 3 月 20 日　第 1 刷

編著者　　北川太一

発行所　　一般財団法人　放送大学教育振興会
　　　　　〒105-0001　東京都港区虎ノ門 1-14-1　郵政福祉琴平ビル
　　　　　電話　03（3502）2750

Printed in Japan　ISBN978-4-595-14134-8　C1336